Flutkatastrophe 1634

Boy Hinrichs   Albert Panten   Guntram Riecken

Flutkatastrophe 1634

Natur   Geschichte   Dichtung

Karl Wachholtz Verlag

Herausgegeben von Boy Hinrichs

ISBN 3 529 06185 9

Karl Wachholtz Verlag Neumünster, 1985

MARCUS PETERSEN

zum 75. Geburtstag am 17. April 1985

Vorwort

„DAs Gott der HErr durch außlassung der Wasser das Land könne umbkehren / solches haben diese NordFresche Landschafften benebenst allen an der WestSee liegenden MarschLändern am Tage Burchardi (so am Sontage gefellig) des 1634 Jahres besonders müssen erfahren."

Mit diesen Worten beginnt Anton Heimreich in seiner 1666 erstmals gedruckten *Nord=Fresischen Chronick* das Kapitel über die Sturmflut von 1634. Er weist auf ihre katastrophalen Ausmaße hin, indem er von der ‚Umkehrung' des Landes spricht. ‚Umkehr' ist der deutsche Ausdruck für das griechische ‚Katastrophe'.

Sturmfluten sind an der *WestSee* – heute heißt sie Nordsee – nichts Außergewöhnliches. Manchmal fallen mehrere in ein einziges Jahr. Sie werden registriert und sind zumeist nur nach ihren Daten unterscheidbar. Erst dann, wenn eine Sturmflut tatsächlich katastrophale Schäden anrichtet, wird sie aus der Reihe der unabwendbar wiederkehrenden Ereignisse hervorgehoben. Sie erhält einen Namen. Sie ist nicht mehr eine der vielen Fluten, sondern eine besondere, eine namentlich identifizierte. Die Sturmflut von 1634 wird, wie es bei Heimreich anklingt, nach dem Namenstag des Heiligen Burchard benannt, an dessen Vorabend sie beginnt. Sie kommt buchstäblich aus heiterem Himmel und richtet in der einen Nacht vom 11. zum 12. Oktober ungeheure Verwüstungen an.

Die *NordFresche Landschafften* werden hart getroffen. Das gilt in besonderem Maße für die alte Insel Strand. Ihre Zerstörung wird in dieser Nacht eingeleitet. Der Chronist kann bereits übersehen, daß sie endgültig ist. Heimreich sieht in der Sturmflut einen Beweis für die Macht Gottes, die sich – negativ – in ihrer vernichtenden Gewalt entfaltet. Das ist keineswegs christliche Konvention. Er übernimmt vielmehr die zeitgenössische theologische Deutung.

Nicht erst seit heute stehen andere Deutungs- und Erklärungsmöglichkeiten zur Verfügung. Sie sind naturwissenschaftlicher, speziell geographisch-wasserwirtschaftlicher Art. Dabei geht es keineswegs nur um die historische Rekonstruktion eines sensationellen Ereignisses, sondern immer auch darum, aus den Einsichten in die Vergangenheit für die Gegenwart zu lernen. Die Aktualität der Bedrohung durch Sturmfluten zeigte sich zuletzt 1962 und 1976, und so etwas kann sich jederzeit wiederholen. Die berühmte Formel *Deus mare, Friso litora fecit* (Gott hat das Meer, der Friese die Küste gemacht) drückt nicht allein das überaus starke Selbstbewußtsein der Friesen aus, sondern formuliert darüber hinaus eine unabdingbare Notwendigkeit: Dann, und nur dann, wenn die Küste ständig ‚gemacht‘ wird, wenn sie ständig gesichert wird, ist der Marschenbewohner vor der See geschützt. Das geschieht nicht nur durch die augenfälligsten Bauwerke gegen die See, die Deiche, sondern auch durch wasserwirtschaftliche Maßnahmen vielfältigster Art. Versäumnisse und Nachlässigkeiten in diesem Bereich lassen sich nicht vertuschen. Sie treten spätestens bei der nächsten Sturmflut – von der nicht gewiß ist, wann sie kommt, aber gewiß, daß sie kommt – zum Vorschein und können katastrophale Folgen haben. Aber auch ein optimaler Schutz ist immer nur relativ. Die Küste, das ‚Mach-Werk‘ des Menschen, ist immer neuen Bewährungsproben durch Sturmfluten ausgesetzt. Ob sie sie besteht, entzieht sich letztlich dem wissenschaftlichen Kalkül. Der Ausgang ist niemals ganz sicher, er kann sich erst in der konkreten Situation entscheiden.

In der Burchardi-Flut zeigt sich nur allzu deutlich, daß die vom Menschen getroffenen Vorkehrungen gegen die See nicht ausreichend waren.

Das Ereignis dieser Flut wird aus drei unterschiedlichen, aber zusammengehörigen Perspektiven dargestellt.

Der Beitrag Guntram Rieckens befaßt sich mit den im umfassenden Sinn in der Natur sowie im Stand von Deichbautechnik und Wasserwirtschaft liegenden Umständen, die zusammenwirken und die Katastrophe an der nordfriesischen Küste verursachen. Die Folgen der Flut werden an der geographischen Veränderung der Küstenlinie und der Problematik der Wiedereindeichung aufgezeigt.

Der Beitrag Albert Pantens gilt den Lebensumständen der Nordfriesen zu Beginn des 17. Jahrhunderts. Das Verhältnis zum herzoglichen Hof wird im Hinblick auf das Deichbaurecht, das von entscheidender Bedeutung für die Marschländer ist, dargelegt. Im Vordergrund steht das Alltagsleben in dieser Zeit, in das nicht nur die Burchardi-Flut, sondern auch andere Unglücksfälle und Kriegswirren eingreifen.

In meinem eigenen Beitrag schließlich geht es um literarische Gestaltungen der Flutkatastrophe, die auf dem eigenen Erlebnis fußen. Ihre Verfasser leben in der Landschaft bzw. stammen aus ihr, sie gehören zu den unmittelbar Betroffenen. Ihre Werke werden als authentische Zeugnisse des Ereignisses und zugleich als eindrucksvolle Dokumente vorgestellt.

Die drei Beiträge sind gemeinsam von der Absicht geleitet, die Sturmflut von 1634 zu erhellen, und zwar als erlebte (von allzu vielen nicht überlebte) Wirklichkeit, die damals wie heute zu deuten und zu erklären ist.

Zum Schluß ein Wort des Dankes an die, die durch Rat und Bereitstellung von Material zum Gelingen des Unternehmens beitrugen und manche Schwierigkeit überwinden halfen. Der Dank gilt namentlich Dr. Albert Bantelmann für die anschaulichen Zeichnungen, die noch nichts an Aktualität eingebüßt haben, Prof. Dr. Dieter Lohmeier für Gespräche und Anregungen sowie Dr. Marcus Petersen. Er stellte das Manuskript seines Registers zum „Müller-Fischer" – „Das Wasserwesen an der schleswig-holsteinischen Nordseeküste" – zur Verfügung, das einen leichten Zugang zum materialreichen 16bändigen Werk gewährt. Dr. Marcus Petersen begleitete das vorliegende Buch von seiner Konzeption an mit freundlichem und hilfreichem Interesse.

Sophienhof, im Frühjahr 1985   *Boy Hinrichs*

Inhaltsverzeichnis

**Guntram Riecken: Die Flutkatastrophe am
11. Oktober 1634 – Ursachen, Schäden und Auswirkungen auf die Küstengestalt Nordfrieslands** . 11
Die nordfriesische Marsch vor 1634 14
    Naturlandschaft 16
    Besiedlung 20
    Deichbau 22
    Inselgestalt und Küstenlinie 27
Die Flutkatastrophe von 1634 33
    Ursachen 33
    Verlauf 35
    Verluste 40
Auswirkungen auf die nordfriesische Küstenlinie
und Bemühungen um Rückgewinnung des untergegangenen Landes 41
    Alt-Nordstrand und Halligen 42
    Lundenberg-Harde 57
    Dagebüller Bucht 58
Ausblick: Landerhaltung durch Küstensicherung . . 60

**Albert A. Panten: Das Leben in Nordfriesland
um 1600 am Beispiel Nordstrands** 65
Unbilden, Seuchen und Feuer 72
Auswirkungen des Dreißigjährigen Krieges 72
Das Spatenlandrecht 73

**Boy Hinrichs: Die Landverderbliche Sündenflut.
Erlebnis und Darstellung einer Katastrophe** 81
Matthias Lobedantz. Prediger in dem verwüsteten
Lande 82
Lobbe Obbesen. Des Küsters Klage-Lied 93
Anna Ovena Hoyers. Triumph der Auserwählten . 98

Literaturverzeichnis 106
Abbildungsverzeichnis 107
Autoren 108

Im nordfriesischen Wattenmeer – auf ehemaligem Siedlungsland

Guntram Riecken

Die Flutkatastrophe am 11. Oktober 1634

Ursachen, Schäden und Auswirkungen auf die Küstengestalt Nordfrieslands

„Im Jahre 1634 ... als ich im Ostland an der Bottschlotter Bedeichung als Ingenieur und Landmesser angestellt war, hat sich dort am Tag vor Allerheiligen gegen den Abend ein großer Sturm und Unwetter von Südwest her aus der See erhoben. Ich war um 7 oder 8 Uhr abends ungefähr zwei Bogenschuß weit von meiner Wohnung zu einem Meister Zimmermann mit Namen Pieter Janß gegangen, der ... dort eine große neue Schleuse am Deichwerk (Kleiseer-Tief – R.) machte, bei dem ich die Bauleitung und Aufsicht hatte. Als aber der Wind so heftig aufzukommen begann, daß ich geneigt war, in meine Wohnung zu gehen, sagte Pieter Janß zu mir: ‚Meister, bleibt hier zu Nacht in unserm Haus'. ... ,Nein, Pieter Janß', sagte ich, ,wenn ein Hochwasser käme. Euer Haus steht nur 5 oder 6 Fuß über Maifeld, und meine Wohnung steht auf dem hohen Deich, der 11 Fuß über Maifeld ist. ...'

Als ich dann in meine Wohnung zu meinem Sohn Adriaan Leeghwater kam, sind wir in unsern Kleidern zu Bett gegangen. Da begann der Wind aus dem Westen so heftig zu werden, daß kein Schlaf in unsere Augen kam. Als wir ungefähr eine Stunde auf dem Bett gelegen hatten, sagte mein Sohn zu mir: ,Vater, ich fühle das Wasser auf mein Angesicht tropfen.' Die Mereswogen sprangen also am Seedeich in die Höhe auf das Dach des Hauses. Es war ganz gefährlich anzuhören. ... So bin ich mit meinem Sohn sehr hastig und verwirrt aufgestanden ... und wir wandten uns nach dem Herrenhaus, das ungefähr 20 Ruthen von unserer Wohnung war. ... Als wir so

unter großer Mühe und Gefahr den Deich entlang gingen, zum Herrenhause, war das Wasser so hoch wie der Kamm des Deiches. Als wir dann ins Herrenhaus kamen, sind dort noch 20 Flüchtlinge, Männer, Frauen und Kinder, angekommen. ... So waren es im ganzen 38 Personen, die im Herrenhaus beieinander waren.

Der Wind drehte sich ein wenig nach Nordwesten und wehte platt gegen das Herrenhaus, so hart und steif, wie ich's in meinem Leben nicht gesehen habe. An einer starken Tür, die an der Westseite stand, sprangen die Riegel aus dem Pfosten von den Mereswogen, so daß das Wasser das Feuer auslöschte und so hoch auf den Flur kam, daß es über meine Kniestiefel hinweglief, ungefähr 13 Fuß höher als das Maifeld des alten Landes. Ein Zimmermann unter uns nahm ein Beil und schlug ein großes Loch an der niedrigen Seite des Hauses, damit das Wasser durch dasselbe ablaufen könnte. ...

Am Nordende des Herrenhauses, welches dicht am Seetief stand, spülte die Erde unter dem Haus weg, ungefähr eine Mannslänge tief. Infolgedessen barst das Haus, die Diele und der Boden auseinander. ... Es schien nicht anders als solle das Herrenhaus mit allen, die darin waren, vom Deich abspülen. Des Morgens als es Tag geworden war, als wir hörten und vernahmen, wie die Sachen standen, da waren alle Zelte und Hütten weggespült, die auf dem ganzen Werk waren, sechs- oder siebenunddreißig an der Zahl, mit allen Menschen, die darin waren. ...

Da liegt ein trefflich Eiland (Alt-Nordstrand – R.) ungefähr anderthalb Meilen südwestlich von Bottschlott, auf dem drei- oder vierundzwanzig Kirchspielskirchen stehen. Das ist fast alles vom Hochwasser verwüstet, so daß dort nicht mehr als vier oder fünf Kirchen trocken blieben, und wenn ich recht berichtet bin, so sind dort ungefähr sieben oder achttausend Menschen ertrunken, nebst 7, 8 oder 9 Pastoren oder Predigern, die mit ertrunken sind. Am ersten Tag nach der Sturmflut, als das Wasser etwas gefallen war, bin ich über das Seetief gefahren, das wir hatten stopfen wollen (Kleiseer-Tief – R.). . . . Als ich dann zum Dörfchen Dagebüll gegangen war, bin ich auch in der Kirche gewesen, wo der Küster mir zeigte,

Deichbruch, Stich von Winterstein aus dem Jahre 1675

daß das Wasser viertehalb Fuß hoch in der Kirche gestanden hat. Das Volk hatte sich auf dem Kirchboden gerettet, aber des Küsters Haus war vom Kirchhof weggespült. Die Wohnung von Pieter Janß Zimmermann . . ., wohin ich des Abends, um etwas zu schnakken, gegangen war, war auch weggespült, und die Bewohner, Pieter Janß mit all seinem Gesinde, Frauen und Kindern . . ., die waren des Morgens alle ertrunken, so daß nicht einer davon über geblieben war. Ja noch mehr. Meine Wohnung, aus der ich des Nachts mit meinem Sohn flüchten mußte, war des Morgens auch vom Deich abgespült. Der Keller des Herrenhauses war auch gänzlich zertrümmert. . . .

Große Seeschiffe waren auf dem hohen Deich stehen geblieben, wie ich selber gesehen habe. Mehrere Schiffe standen in Husum auf der hohen Straße. Ich bin auch den Strand allda entlang geritten, da hab ich wunderbarliche Dinge gesehen, viele verschiedene tote Tiere, Balken von Häusern, zertrümmerte Wagen und eine ganze Menge Holz, Heu, Stroh und Stoppeln. Auch habe ich dabei so manche Menschen gesehen, die ertrunken waren . . .

Um nun mein Reden hiermit zu endigen und zu schließen von dieser schrecklichen und traurigen Wasserflut, so danke ich dem allmächtigen Gott, der mich und alle diejenigen, die im Herrenhaus waren, davon erlöst hat. Gleich wie die Kinder Israel durch das Meer gingen und die Meereswellen beschädigten nicht einen von ihnen."

Dieser in Auszügen wiedergegebene Augenzeugenbericht von der großen Sturmflut am 11. Oktober 1634 ist uns von Jan Adriaans Leeghwater überliefert, der – wie eine Reihe seiner Landsleute – zu diesem Zeitpunkt als holländischer Deichbauingenieur in Nordfriesland tätig war. Nachdem er zuvor an der erfolgreichen Trockenlegung des Megger- und Börmer-Sees in Stapelholm mitgewirkt hatte, war er 1634 an dem Versuch beteiligt, durch Verbindungsdämme zwischen den Inseln Fahre-

Zerstörte Warft und beschädigter Ständerbau nach einer Sturmflut

toft und Dagebüll sowie der Hallig Galmsbüll auf der Linie Ockholm–Wiedingharde die ostwärts gelegene große Meeresbucht landfest zu machen. Leeghwater, der gerade die Abdämmung des Kleiseer-Tiefs versuchte, überlebte die Sturmflut im Schutze des im Vorjahr fertiggestellten Fahretofter Mariendeichs.

Wie dieser Bericht und andere von zeitgenössischen Chronisten verdeutlichen, gibt es – im Gegensatz zu der großen „Mandränke" von 1362 – über die „Burchardiflut" von 1634 eine Fülle von Nachrichten, die Aufschluß über Verlauf, Schäden und Auswirkungen auf die nordfriesische Küste und die vorgelagerte Insel- und Halligwelt geben. Allerdings waren sich die Zeitgenossen über die Ursachen, die zu der Flutkatastrophe führten, nicht im klaren, vielmehr sahen sie in dieser bis an den Geestrand reichenden Überschwemmung eine „landverderbliche Sündflut", die ein „Strafgericht Gottes" war. Daß das verheerende Ausmaß der Sturmflut mit ihren umfangreichen Verlusten an Land und Menschen jedoch im wesentlichen auf mangelhafte Deiche sowie auf gravierende Eingriffe in den Naturhaushalt der seinerzeitigen nordfriesischen Marschengebiete zurückzuführen war, sahen die damals lebenden Menschen indes kaum, und sie konnten dies wegen fehlender Erkenntnisse auch noch nicht wissen.

Umfangreiche Forschungstätigkeiten verschiedener Disziplinen, insbesondere in den letzten Jahrzehnten, erlauben es uns, die Vorgänge des Sturmflutgeschehens von damals und dessen weitreichende Folgen nicht nur zu beschreiben, sondern auch zu erklären. Auf der Grundlage solcher Untersuchungsergebnisse, die neben anderen mit den Namen A. Bantelmann, E. Dittmer, F. Fischer, O. Fischer, C. Hundt, F. Müller, M. Petersen, H. Rohde, H. Suhr und E. Wohlenberg verknüpft sind, sollen daher zunächst einige Ausführungen zur Naturlandschaft des nordfriesischen Küstensaumes sowie zu seiner Besiedlung, die aufs engste mit dem Deichbau verknüpft ist, erfolgen.

Die nordfriesische Marsch vor 1634

Es wird wohl niemals gelingen, den Gestaltwandel der nordfriesischen Küstenlandschaft bis Anfang des 16. Jahrhunderts in einer Kartenfolge exakt nachzuzeichnen. Ein zuverlässiges Bild von dem Zustand der Westküste läßt sich erst für den Beginn der Neuzeit, also seit ungefähr 500 Jahren, gewinnen. Außer den Resten alter Deiche und ehemaliger Priele stehen hierfür zahlreiche amtliche Unterlagen zur Verfügung. Sie werden ergänzt durch Handzeichnungen des ausgehenden 16. und beginnenden 17. Jahrhunderts. Erst um die Mitte des 17. Jahrhunderts liegt für unseren Raum ein zuverlässiges Kartenwerk vor, so daß die großen Meereseinbrüche dieser Zeit mit ihren umfangreichen Landverlusten recht gut belegt sind. Der berühmte Kartograph Johannes Mejer, der 1642 vom dänischen König Christian IV. den ehrenvollen Auftrag erhielt, die Westküste der Herzogtümer von Glückstadt bis jenseits Ripen zu kartieren, und zwar einschließlich aller Nordseeinseln sowie der

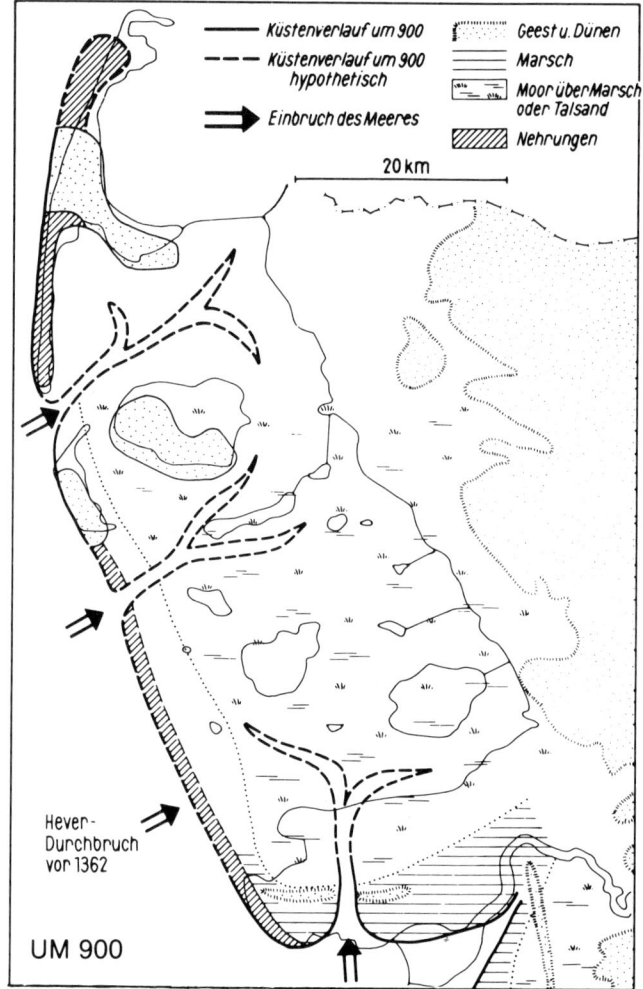

Küstenverlauf um 900
Küstenverlauf um 900 hypothetisch
Einbruch des Meeres
Geest u. Dünen
Marsch
Moor über Marsch oder Talsand
Nehrungen

20 km

Hever-Durchbruch vor 1362

UM 900

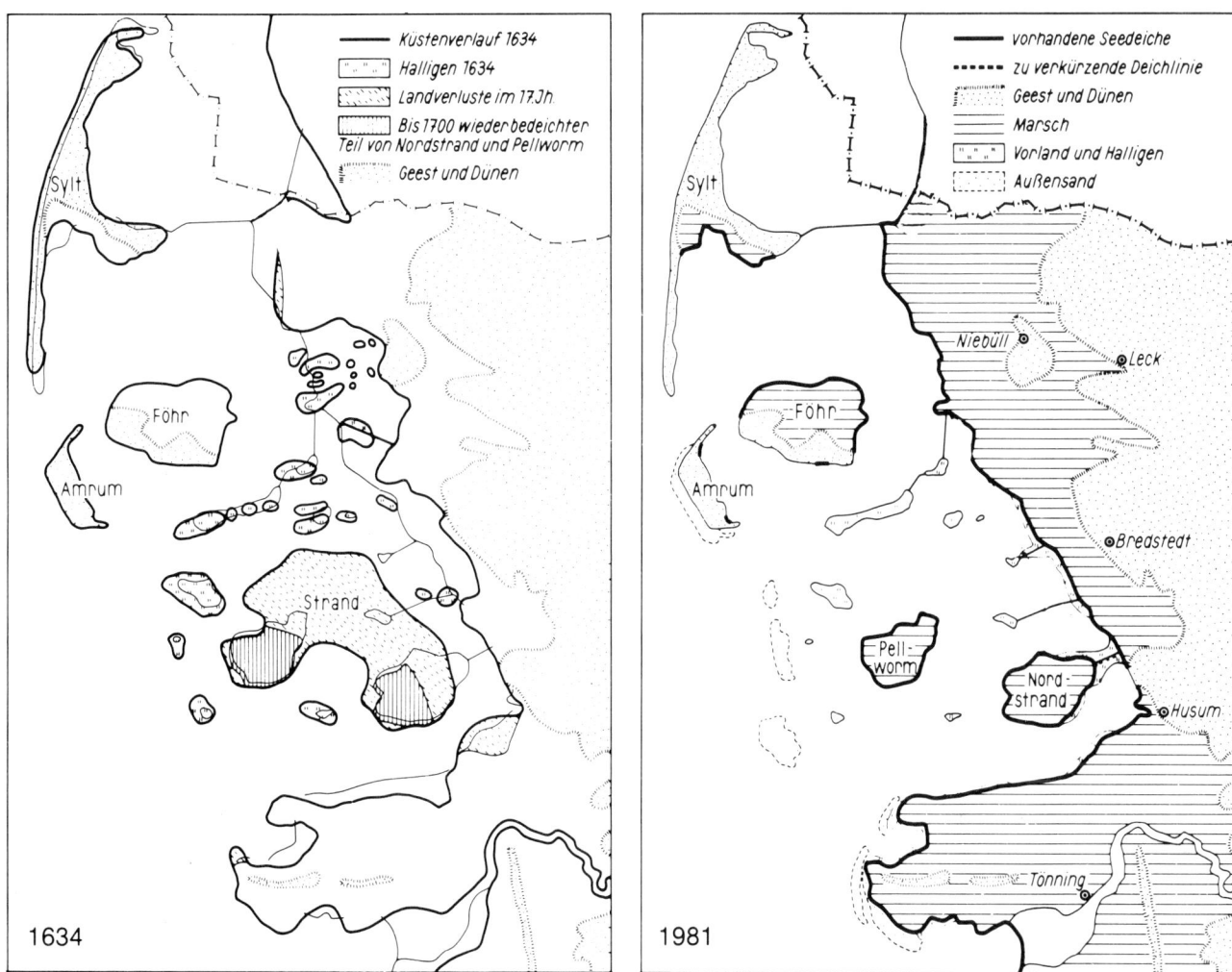

Entwicklung der nordfriesischen Küstenlinie seit 900 n. Chr.

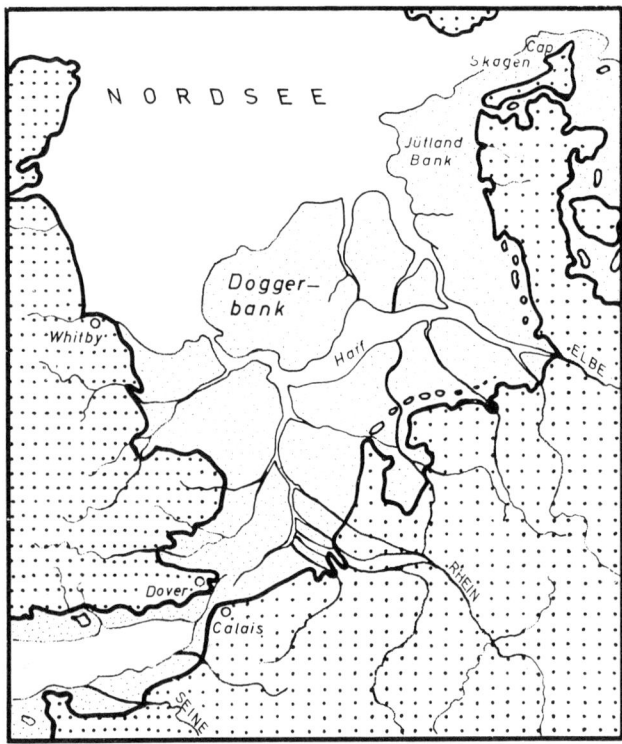

Vermutliche Gestalt des Nordseeküstengebietes
vor etwa 10 000 Jahren

strand und die Außensände zu betrachten sind. Wie konnte es zu dieser Entwicklung, die durch übermäßig große Landverluste gekennzeichnet ist, kommen?

Naturlandschaft

Um gleich zu Beginn dieses kurzen naturgeographischen Rückblicks deutlich zu machen, in welcher folgenreichen Abhängigkeit die relativ niedrig gelegenen Marschengebiete von jeweiligen Wasserständen stehen, sei an jene ferne Zeit erinnert, als wir beinahe noch trockenen Fußes hätten nach England gelangen können, als Elbe, Weser, Rhein und Themse noch gemeinsam in der Nähe der Doggerbank in die freie See mündeten.

Vor etwa 10 000 Jahren, als die letzte Eiszeit (Weichselvereisung) ihren Höhepunkt bereits überschritten hatte, waren gewaltige Wassermassen des Weltmeeres in Form von riesigen Gletschern in Nordpolnähe bis in die norddeutsche Tiefebene hinein gebunden. Um 8000 v. Chr. wurde das Klima wieder wärmer, das in Schnee und Eis gebundene Wasser begann abzutauen und wieder zu fließen und ließ den Spiegel des Weltmeeres beträchtlich ansteigen. Die sogenannte Flandrische Transgression setzte ein, in deren Verlauf sich das Niveau des Weltmeeresspiegels um etwa 25 m anhob. Die Folge dieses bis etwa 1800 v. Chr. wirkenden Prozesses war ein allmähliches Eindringen des Meeres in die mit Lockermaterialien gefüllten eiszeitlichen Ablagerungsgebiete, bis sich der uns heute bekannte Küstenverlauf in groben Zügen abzuzeichnen begann.

In dieser Phase erfolgte an unserer Westküste aber noch keine Marschenbildung, sondern die anbrandende Nordsee bewerkstelligte in dem durch Altmoränenablagerungen geprägten Raum zunächst einen umfangreichen Abtragungsprozeß. Aufgrund der ungleichen Höhenlagen in dem ehemals noch landfesten Dithmarscher und nordfriesischen Wattenmeer wirkte sich der Meeresspiegelanstieg der Flandrischen Transgression in diesen beiden Landschaften auch unterschiedlich aus. Im

Mündungsgebiete von Elbe, Eider und Hever, hinterließ uns ein Kartenwerk, das er gemeinsam mit C. Danckwerth im Jahre 1652 in der „Newer Landesbeschreibung" herausgab. Darin ist auch eine Karte enthalten, die den Zustand der nordfriesischen Küstenlandschaft im 13. Jahrhundert rekonstruiert: In der heute von Watten, Inseln und Halligen gebildeten nordfriesischen Bucht zwischen Eiderstedt und Sylt liegt eine von Rinnen durchzogene Landmasse, als deren heutige Relikte die nördlichen Geestinseln, die Halligen, Pellworm, Nord-

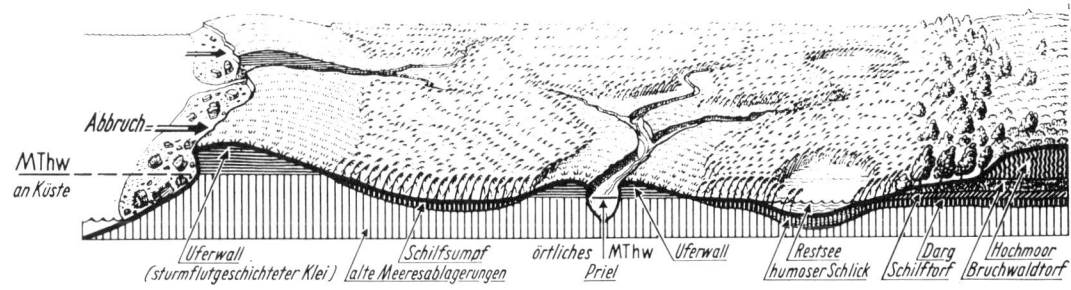

Abbruch=

MThw
an Küste

| Uferwall | Schilfsumpf | örtliches | MThw | Uferwall | Restsee | Darg | Hochmoor |
| (sturmflutgeschichteter Klei) | alte Meeresablagerungen | Priel | | | humoser Schlick | Schilftorf | Bruchwaldtorf |

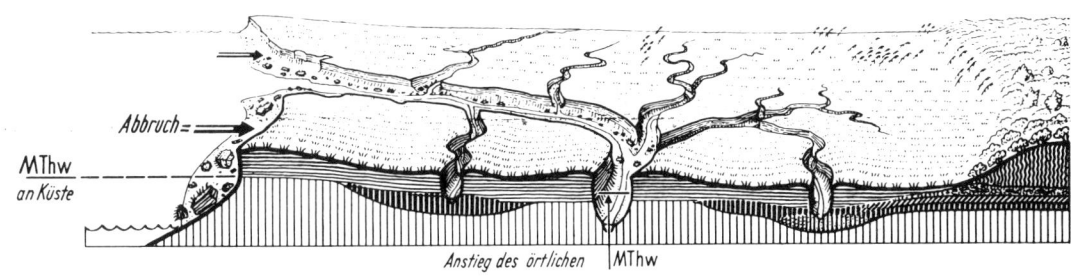

Abbruch=

MThw
an Küste

Anstieg des örtlichen MThw

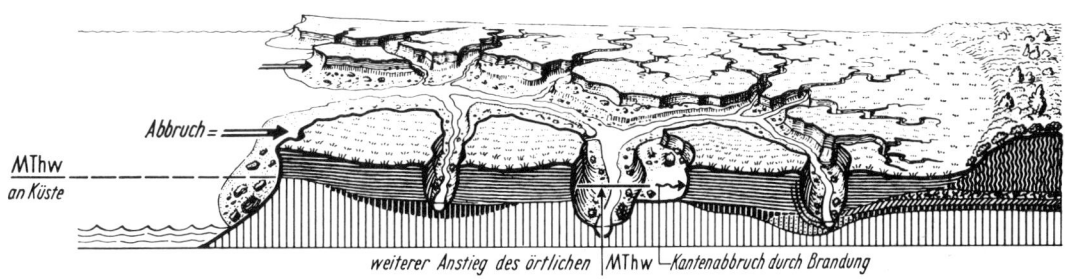

Abbruch=

MThw
an Küste

weiterer Anstieg des örtlichen MThw Kantenabbruch durch Brandung

Die Auswirkungen von Zerstörungsvorgängen im äußeren Küstensaum auf tiefliegendes vermoortes Hinterland

Uferabbruch auf einer Hallig

Raum Dithmarschen reichte die Überflutung bis an den Westrand der heutigen Geest. Die Abtragung führte zu Kliffbildungen und bei der Wiederablagerung des Erosionsmaterials zu Nehrungsbildungen. Im höher gelegenen Nordfriesland dagegen trat noch keine Überflutung ein, indes kam es dort als Folge erhöhter Grundwasserstände und der immer schleppender verlaufenden Entwässerung in den tieferen Hohlformen der Altmoränen zur großflächigen Vermoorung. Es bildete sich der sogenannte Basistorf, der bei der Rekonstruktion der natur-

landschaftlichen Entwicklung Nordfrieslands eine große Rolle spielt.

Nachdem mit dem Vorhandensein des Gezeitenmeeres *eine* Voraussetzung für die Marschenbildung gegeben war, kam es nunmehr zur Erfüllung der zweiten Grundbedingung, nämlich zur Ausbildung einer Flachküste. Denn während die Flandrische Transgression allmählich ausklang, wurden *die* Landflächen in Nordfriesland überflutet, die der heutigen Geest vorgelagert sind (etwa 3000 bis 1800 v. Chr.). Dabei wurden insbesondere auch

... mit deutlich erkennbarer Sturmflutschichtung

Relikte sind die Geestinseln und die Außensände – die Sedimentzufuhr im Gegensatz zum Dithmarscher Bereich mit beginnender Überflutung so stark, daß sie das stete Ansteigen der Wasserstände ausgleichen konnte. Folglich fehlen am Rande der heutigen nordfriesischen Festlandsgeest die aus dem Dithmarscher Raum durchaus bekannten Spuren einer Zerstörungstätigkeit des offenen Meeres. Wie vor der Dithmarscher Geest bildeten sich auch seitlich der Altmoränenhöhen im nordfriesischen Bereich Strand- oder Nehrungswälle, aber diese lagen inselförmig weit vor dem heutigen Geestrand. Reste solcher Nehrungen sind im Tatinger und Gardinger Raum erhalten.

In der Folgezeit (ab 1800 v. Chr.) setzte ein Stillstand des Meeresspiegelanstiegs, vielleicht sogar eine Regression, ein. Wiederum zeigte dies im nordfriesischen und Dithmarscher Raum unterschiedliche Auswirkungen. In dem Gebiet, das heute von Eiderstedt und Sylt eingeschlossen wird, bildete sich über der „alten Marsch" ein gewaltiges Hochmoor, weil der Gezeiteneinfluß zwar seewärts zur Bildung einer marinen Verlandungszone führte, landeinwärts jedoch wegen der offenbar noch geringen Rinnenbildung schnell abnahm. Erst danach kam es im Dithmarscher Raum vor dem heutigen Westrand der Altmoränenkomplexe zur Bildung „alter Marsch".

Etwa beginnend mit der Zeitenwende setzte dann ein erneuter Meeresspiegelanstieg ein, die sogenannte Dünkirchen-Transgression, deren Folgen uns noch heute und sehr wahrscheinlich auch in Zukunft zu schaffen machen werden. Ein wesentliches Merkmal dieser Transgression besteht wohl darin, daß sie mit örtlicher und zeitlicher Verschiebung auftrat, in den letzten Gebieten erst mit der Sturmflut von 1634. Das vor allem bei Flutkatastrophen sichtbar werdende Vordringen der Nordsee leitete im ersten Jahrtausend nach Chr. Geburt die marine Verlandung vormals meeresferner Teile in der nordfriesischen Bucht ein. Einhergehend mit dem Abbruch der vorgelagerten Geestinseln wurde die Kü-

die zuvor gebildeten Moore überschwemmt, die an Süßwasser gebundene Moorvegetation starb ab, und es kam zur Ablagerung von Schwebstoffen (Sedimenten): Die erste Phase der Marschbildung vollzog sich, die „alte Marsch" entstand.

Da die Dithmarscher Küste zu diesem Zeitpunkt noch nicht von einem Flachmeer umgeben war, konnte folglich auch noch keine Marschenbildung stattfinden. In der nordfriesischen Bucht war aufgrund der vorgelagerten Altmoränenreste als Materiallieferanten – heutige stenlandschaft mit „junger Marsch" überlagert. Um diese Zeit kam es auch im Dithmarscher Raum zu einer erneuten Marschbildung. „Alte" und „junge" Marsch liegen dort übereinander auf festem Untergrund – sie ist also sehr stabil gelagert. Hingegen liegt in Nordfriesland zwischen der „jungen" und der „alten Marsch" eine mächtige Torfschicht; unter der „alten Marsch" findet sich stellenweise der bereits erwähnte Basistorf. Durch diese Schichtung ist der recht instabile Untergrund bedingt, der in der Folgezeit zu umfangreichen Sackungen führte. Im Zusammenhang mit dem zu behandelnden Sturmflutgeschehen sind die bisher geschilderten Vorgänge von besonderer Bedeutung und Tragweite.

In den aufgezeigten Perioden der älteren Überflutungen erfolgte eine reichliche Versorgung des nordfriesischen Küstensaumes mit Sinkstoffen von außerhalb, wahrscheinlich aus Bereichen, die westlich des heutigen Wattenmeeres zu suchen sind. Indes stammen die im nachfolgenden Zeitraum zur Ablagerung gebrachten Sinkstoffe aus dem Auflandungsgebiet selbst, d. h. „die Neulandflächen verdanken letzten Endes einem Abbauprozeß ihre Entstehung, der sich innerhalb des noch im Mittelalter vorhandenen ‚Landes' vollzieht . . . Gewinnt im Uferbereich die Abrasion und der Abtransport der Sedimente das Übergewicht, so hat dieses eine Ausräumung und Verstärkung der Seegangswirkung zur Folge. Das jetzt weniger geschützte Land wird durch Abbruch des Ufers und Fortführung der anfallenden Sedimente verkleinert" (Bantelmann 1966, S. 35). Diesen Sachverhalt sowie seine weitreichenden Auswirkungen auf den dadurch bedrohten nordfriesischen Küstensaum verdeutlichen die drei Profile auf Seite 17. Die in dem unteren Profil sichtbar werdende Vergrößerung der Prielquerschnitte hat außer dem Anwachsen des Tidenhubs landeinwärts auch ein Vordringen des Salzwassereinflusses zur Folge. Er bedingt eine durchgreifende Änderung der Vegetation – Schilf, Sümpfe und Moore werden bei stark auflandigen Winden von Salzwasser überflutet – in

kürzester Zeit bildet sich eine Salzwiesenvegetation. Mit diesem Wechsel der Pflanzendecke ist eine Überlagerung der Torfschicht mit sandigen-tonigen Sedimenten verbunden.

Bisher ist der natürliche Werdegang der Landschaftsentwicklung in den nordfriesischen Marschen aufgezeichnet worden. Nachfolgend wollen wir uns insbesondere den durch die Menschen mit verursachten landschaftlichen Veränderungen zuwenden.

Besiedlung

„Hier überflutet der Ozean zweimal binnen Tag und Nacht in ausgebreiteter Flut einen unermeßlichen Landstrich und verursacht einen ewigen Streit in der Natur, so daß man nicht weiß, ob diese Gegend zum festen Lande oder zum Meere gehört. Ein armseliges Volk wohnt dort auf hohen Hügeln oder mit Händen gemachten Erdhaufen, welche die höchste bekannte Flut überragen. Wenn das Wasser die umliegende Gegend bedeckt, sehen die Leute in ihren auf den Hügeln errichteten Häusern wie Schiffahrer aus, und wenn es sich wieder verläuft, scheinen sie Schiffbruch gelitten zu haben und machen Jagd auf die Fische, welche in der Gegend ihrer Hütte mit dem Meere entfliehen wollen. Sie sind nicht so glücklich, daß sie Vieh halten können, wie ihre Nachbarn; weil hier weit und breit alles Gesträuch gleichsam vertrieben ist, so haben sie nicht einmal Gelegenheit, die wilden Tiere anzugreifen. Sie flechten Fäden aus Seegras und Sumpfbinsen, um Netze zu haben, die sie den Fischen entgegenstellen können und trocknen den mit Händen geformten Kot mehr beim Winde als an der Sonne. Regenwasser, das sie vor ihren Wohnungen in Gruben aufbewahren, ist ihr einziges Getränk."

Mit dieser Schilderung des Römers Plinius (47 n. Chr.) wird uns ein durchaus zutreffendes Bild der Siedlungs- und Wirtschaftsweise auf unbedeichtem Marschland,

Hofanlage auf einer Warft in ehemals unbedeichter Marsch, früher Hallig Ockholm – heute Ockholmer Koog

also auf Halligland, vermittelt. Während Menschen um die Zeitenwende auf den Marschen Ostfrieslands und Dithmarschens bereits Fuß gefaßt hatten, blieben die nordfriesischen Marschengebiete wohl wegen ihrer umfangreichen Vermoorung noch lange unbesiedelt. Somit spiegelt sich die unterschiedliche Landschaftsentwicklung beider Küstenräume auch in ihrer Besiedlungsgeschichte wider.

Die ersten Siedler um 100 n. Chr. haben in Dithmarschen und im südlichen Eiderstedt zunächst wohl ohne einen besonderen Hochwasserschutz gelebt. Allerdings wählten sie für ihre Behausungen stets hoch aufgewachsene Flächen, die infolge der günstigeren Sedimentationsbedingungen nur in Ufernähe liegen konnten. Als natürliche Siedlungsträger eigneten sich also die Uferwälle der Priele oder der Flüsse, sowie die höher gelegenen Teile der küstennahen Marsch – denn „die riesigen Flächen der küstenferneren Gebiete waren Unland, die den bäuerlichen Siedlern in vor- und frühgeschichtlicher Zeit für eine Niederlassung wenig Anreiz boten und höchstens zur Gewinnung von Viehfutter (Schilfsümpfe) oder Bauholz (Bruchwälder) genutzt worden sein dürften. ... Erst bei längerem Verweilen auf einem Platze wuchs die Siedlungsbasis teils durch Anhäufung von Abfallmassen, die zur Hauptsache aus Viehdung bestanden, teils durch Auftrag von Klei allmählich zu einer Warft empor" (Bantelmann 1966, S. 32 u. S. 18). So vollzog sich ein allmählicher Übergang von der Flach- zur Warftsiedlung.

In ähnlicher Weise siedelten wahrscheinlich ab 800 n. Chr. die ersten Menschen in den weiträumigen nordfriesischen Marschen. Die Siedlungsweise glich durchaus der von heutigen Halligbewohnern, wobei allerdings auf den hochgelegenen Flächen in der Umgebung der Wohnstätten auch etwas Ackerbau betrieben wurde. Die extensiv genutzten Weideflächen blieben weitgehend in ihrem Urzustand. Wegen der Unwegsamkeit des Hinterlandes mußten die Wasserläufe und Seen als Hauptverkehrswege dienen. Somit scheint die Naturlandschaft durch den in ihr lebenden Menschen in jener Zeit nicht in gravierender Weise umgestaltet worden zu sein.

Dies änderte sich jedoch vor Beginn unseres Jahrtausends grundlegend, als durch eingewanderte Friesen eine kolonisationsartige Marschenbesiedlung einsetzte. Es erfolgten nunmehr planmäßige Siedlungsgründungen. Durch Anlage von Gräben und Deichen mit den dazugehörigen Sielen und Schleusen wurden ehemals siedlungsfeindliche Ländereien allmählich in eine fruchtbare Kulturlandschaft verwandelt. Dieser Prozeß dauerte allerdings sehr lange, er nahm seinen Ausgang auch nicht von der Festlandsgeest her, sondern die ersten größeren Teilbedeichungen erfolgten naturgemäß in den ufernahen höheren Lagen. Trotz des Fleißes der Siedler waren die Verhältnisse in den neuerschlossenen rückwärtigen Marschen keineswegs mit den heutigen zu vergleichen. „Im Winter liegt das Land unter beständiger Flut verdeckt; die Felder sehen aus wie ein stehendes Gewässer",

weiß der dänische Chronist Saxo Grammaticus für das ausgehende 12. Jahrhundert über die Zustände in bedeichten Gebieten Nordfrieslands zu berichten.

Deichbau

Der erste künstliche Hochwasserschutz waren also die Warften oder Wurten. Um ihre durch langanhaltende Überschwemmungszeiten isolierte Lage abzumildern, baute man wohl zunächst Verbindungsdämme von Warft zu Warft. Daraus entwickelten sich bald die ersten vollständigen Teilbedeichungen, um von der extensiven Nutzung der Salzwiesen zu einem ertragreicheren Ackerbau übergehen zu können. Erst nachdem sich für derartige kostspielige Baumaßnahmen Interessengemeinschaften gebildet hatten, konnten sie in größerem Umfang durchgeführt werden. So waren es in Dithmarschen die großen Geschlechterverbände, die die Bedeichung ihrer Landschaft in großzügigere Bahnen lenkten. In den großflächig vermoorten instabilen Marschen Nordfrieslands gibt es erst für das 13. Jahrhundert ganz sichere Hinweise auf Deichbauten. „Beide Maßnahmen, der Schutz gegen Hochwasser durch Bedeichung und die Senkung des natürlichen Binnenwasserstandes durch

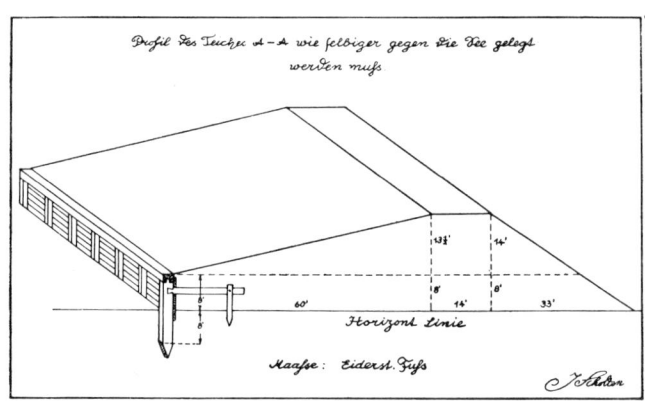

Stackdeich nach Scholten, 1688

So muß man sich den Deichbau in früheren Jahrhunderten vorstellen. Der schwere Klei wird zur Abdeckung der Deichböschung aus dem Vorland im Karrbetrieb herbeigeschafft

ein Grabennetz mit Sielen und Schleusen, gehören untrennbar zusammen. Wird eine von ihnen vernachlässigt oder zerstört, so wird die andere unwirksam" (Bantelmann 1966, S. 41). Doch waren die Auslaßbauwerke zunächst noch recht klein und schwach bemessen. Erst im ausgehenden 14. Jahrhundert gelang es, die Anlagen, die das Binnenwasser unschädlich in das Meer abführen konnten, zu verbessern. Noch lange Zeit blieb ihr Einbau in den Deichkörper mit großen technischen Schwierigkeiten verknüpft.

Die ersten Deiche werden nur Sommerdeiche oder Überlaufdeiche gewesen sein. Über verbindliche Deichhöhen hatte man damals noch keine klaren Vorstellungen, da Erfahrungswerte über Sturmfluten nur für relativ kurze Zeiträume vorlagen. Und schließlich nahm man gelegentliche Deichbrüche durchaus in Kauf, da Menschenleben wegen der Lage von Wohnstätten auf hochwassergeschützten Warften ja generell nicht gefährdet waren.

Bedenken wir die für die Beschaffung des Deichbodens

Stackdeich, 1975 bei Deichbauarbeiten im Westerhever-Koog freigelegt

erforderliche Finanzkraft sowie den Umfang technischer Hilfsmittel, so ist wohl nur allzu verständlich, daß aus Gründen der Arbeits- und Materialersparnis die Deichhöhe nach der letzten hohen Sturmflut angeordnet und der Deichkörper möglichst sparsam angelegt wurde. Die durch Abbruch gefährdeten Deichfüße mußten deshalb eine besondere Sicherung erfahren. „... denn sie (die Deiche – R.) sind gewöhnlich vom Kamm bis zum Fuß sechs oder acht, ja sogar zwölf Ellen hoch und dick

und etwa von dieser Gestalt ... Vom Kamm bis zum Fuß beträgt die Breite stellenweise 32 Ellen (etwa 19 m), und der Deichfuß ist an der flachen Seite nächst dem Wasser mit Holz und großen Pfählen dicht zusammengefügt, innen mit Brettern und vorgelegten Rasen gedichtet, damit die zusammengebrachte Erde durch das anstürmende Wasser nicht so bald ausgespült und weggeschwemmt werde. Am gleichen Ort nächst dem Wasser sind die gestackten Deiche 3, 4, 5, ja an einigen Stel-

Bohlwerk eines Stackdeiches, 1973 bei Arbeiten für das Schöpfwerk an der Halbmondwehle/Südermarsch ausgegraben. Die Bretterwand, die den Deichkörper vor dem anbrandenden Meer schützen sollte, ist 2 m hoch

len 6 Ellen hoch ...". So schreibt der Chronist Johannes Petreus, von 1565 bis 1603 Pastor in Odenbüll auf Alt-Nordstrand, über die damals üblichen Stackdeiche.

Wer jemals den Aufprall von anbrandenden Wellen auf eine senkrechte Wand erlebt hat, kann vielleicht ermessen, mit welcher Wucht das Wasser auf solch ein Bauwerk schlägt. An der steilen Holzwand, dem Bohlwerk des Deichfußes, fanden die brandenden Wellenkräfte also einen viel zu hohen Widerstand. Ungünstig war auch das Profil der Innenböschung, so daß der Deichkörper bei Überflutungen auch von der Innenseite her ausgeschwemmt und zerstört werden konnte. Hinzu kam, daß der Stackdeich als Steilkörper eine Erniedrigung der vorgelagerten Watt- bzw. Vorlandflächen zur Folge hatte und damit den Abbruch unterstützte. Die Instandsetzung der Stackdeiche war – nicht zuletzt auch wegen des großen Holzbedarfs – kostspielig und sehr zeitraubend, die Sicherheit bei Sturmfluten zu gering.

25

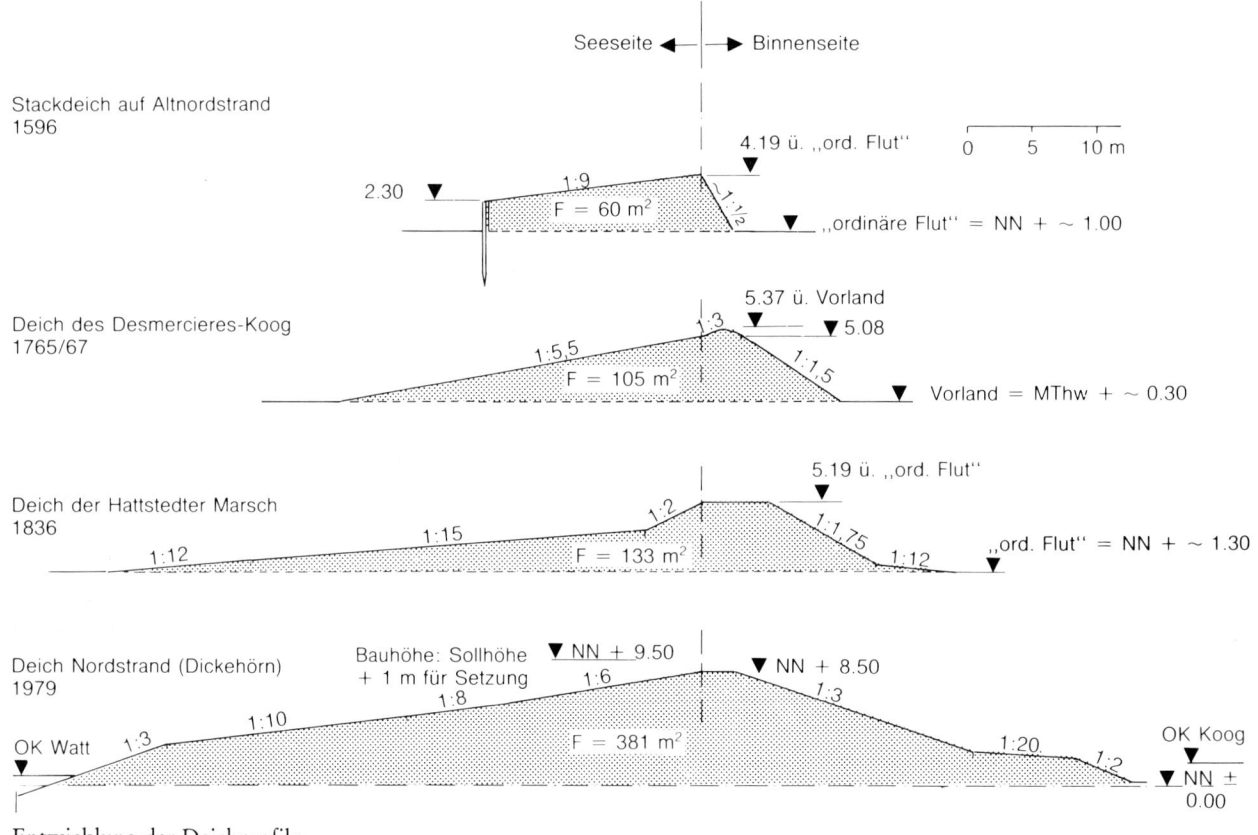

Seeseite ◄ ─┤─ ► Binnenseite

Stackdeich auf Altnordstrand
1596

4.19 ü. „ord. Flut"   0   5   10 m

2.30 ▼   1:9
        F = 60 m²   ▼ „ordinäre Flut" = NN + ~ 1.00

Deich des Desmercieres-Koog
1765/67

5.37 ü. Vorland
1:3   ▼ ── ▼ 5.08
1:5,5
F = 105 m²   ▼ Vorland = MThw + ~ 0.30

Deich der Hattstedter Marsch
1836

5.19 ü. „ord. Flut"
1:2
1:15   1:1,75
1:12   F = 133 m²   1:12   ▼ „ord. Flut" = NN + ~ 1.30

Deich Nordstrand (Dickehörn)
1979

Bauhöhe: Sollhöhe   ▼ NN + 9.50
+ 1 m für Setzung   1:6   ▼ NN + 8.50
1:8   1:3
1:10

OK Watt   1:3   F = 381 m²   1:20   OK Koog
▼   1:2   ▼
                                                  ▼ NN ±
                                                  0.00

Entwicklung der Deichprofile

Anfang des 17. Jahrhunderts setzten sich anerkannte Fachleute, die bereits bei Deichbauten in Holland Erfahrungen gesammelt hatten, für eine Verbesserung des Deichquerschnitts ein. Für diesen Zeitraum sind insbesondere die Holländer Christian Becker und Johann Clausen Rollwagen zu nennen. Sie führten eine flache Außenböschung anstelle der Bohlwerke ein, die noch durch eine Vorlage verstärkt wurde, so daß schon damals eine gebrochene Böschungslinie entstand, damit „das Wasser unten am Teiche nicht einfresse". Nach die-

sem Prinzip baute der Generaldeichgraf Claus Jansen Rollwagen (Sohn des Generaldeichgrafen Johann Clausen R.) ab 1610 in Eiderstedt und im Dagebüller Raum (z. B. der Mariendeich) neue Deiche. Christian Becker unterbreitete dem Herzog um 1625 in einem Bericht u. a. folgende Vorschläge, die auf eine als dringend notwendig erachtete Verbesserung des Deichwesens gerichtet waren: „Im Hinblick auf die großen Deichschäden in den Marschländern, die sich jährlich wiederholen und zur Verarmung der Einwohner und Schmälerung der fürstlichen Einkünfte führen, sind besondere Vorkehrungen erforderlich. Hierüber liegen bereits die in Flandern, Brabant, Holland, Zeeland gemachten Erfahrungen vor, wo durch das Eingreifen der Obrigkeit die Deiche verbessert und damit gute Erfolge erzielt worden sind. Bei ihrer bedrängten Lage werden die Eingesessenen in Eiderstedt, Nordstrand u. a. derartige Maßnahmen zunächst als beschwerlich empfinden, in Zukunft aber großen Nutzen davon haben. Derartige Vorschriften sollen besonders bei Neubedeichungen beachtet werden, damit der Deichbau in seiner vollen Bedeutung erkannt wird." Zur Bauausführung der neuen Deichprofile schlägt Becker vor, für den Erdtransport nicht mehr wie früher Schub- und Handkarren zu benutzen, sondern Pferdewagen, die „gemecklich auf und ab fahren können und die Erde dadurch fester zusammen gedrükket wirtt".

Zu den schwierigsten Aufgaben des damaligen Deichbaus gehörte die Abdämmung von Wasserläufen und Prielen, die in jedem Falle eine wichtige Voraussetzung für Neubedeichungen darstellte. Der Holländer Pital erhielt 1629 die herzogliche Genehmigung zur ausschließlichen Verwertung seiner Erfindung, die darin bestand, „in tiefen Strömen und starken fließenden Gewässern allerhand Schleusen (wahrscheinlich Faschinenbauten – R.) und Holzwerk mit geringen Kosten beständiglich zu senken, auch mit Heide und Sand gemengte starke Deiche zu machen". Außerdem schlug er vor, den stets kritischen Deichschluß durch Absenken von Schiffen zu bewerkstelligen.

Diese Ausführungen mögen verdeutlichen, daß man zu Beginn des 17. Jahrhunderts gewisse Fortschritte beim Deichbau gemacht hatte; allerdings kamen sie – wenn überhaupt – so eigentlich nur bei Neubedeichungen zur Anwendung. Die meisten Deiche dieser Zeit waren und blieben noch lange die stark gefährdeten Stackdeiche. Es erforderte ja nicht nur ein gewisses Maß an Einsicht seitens der Marschenbewohner, die neuen Deichprofile zu akzeptieren, sondern es wurden ja auch ungleich größere finanzielle und materielle Aufwendungen sowie länger dauernde Arbeitseinsätze nötig, die neben der eigentlichen landwirtschaftlichen Betätigung geleistet werden mußten.

Inselgestalt und Küstenlinie

Die einschneidendste Veränderung hatte die bis dahin noch weitgehend naturbelassene nordfriesische Küstenlinie wohl durch die große Sturmflut von 1362 erfahren, die wir uns ja als ein besonders augenfälliges Ergebnis der sogenannten Dünkirchen-Transgression vorstellen müssen. Folgen wir dem Kartenbild des Johannes Mejer, in dem er eine Rekonstruktion des Zustandes um 1240 vornimmt, so hat diese verheerende Flut den größten Anteil der Landmassen mit sich gerissen, von denen die nordfriesische Bucht weitgehend bedeckt war. Heutige Wattenflächen trugen einst Marsch- und Moorländereien, in die die heutige Norder- und Süderaue sowie der Heverstrom einbrachen, um sich des nur geringfügig aufgewachsenen und deshalb zu tief liegenden Landes zu bemächtigen. Zahlreiche Kulturfunde im Watt, so auch in der Rungholt-Bucht, legen davon noch heute Zeugnis ab.

Außer einigen Inselresten, die zu Halligen wurden und bald teilweise gänzlich verschwanden, blieb nach der Flutkatastrophe von 1362 die hufeisenförmige Insel Alt-Nordstrand übrig, wie sie uns auf der nachfolgenden Mejer-Karte von 1637 entgegentritt – inzwischen allerdings in einem durch Menschenhand geschaffenen Zustand als Kulturlandschaft. Hätten die damaligen Marschenbewohner durch den Bau von Dämmen und Deichen nicht eingegriffen, so wären die Reste des alten „Strandes" bereits im 14. und 15. Jahrhundert wohl völlig zerstört worden.

Obwohl diese Karte für die Zeit nach der großen Sturmflut von 1634 gilt, läßt sie den Zustand vor der Flutkatastrophe deutlich erkennen. Neben einer großen Genauigkeit zeichnet sie sich durch eine umfassende Wiedergabe der Vorländereien und Wattenflächen rings um die Insel aus. Wegen der umfangreichen Landverluste bestand Alt-Nordstrand seit 1593 nur noch aus drei Harden, der Pellworm-Harde, der Beltring-Harde und der Edoms-Harde, die sich wiederum in 22 Kirchspiele aufteilten. Inzwischen gab es auf Alt-Nordstrand 28 Köge. Noch kurz vor der Flut von 1634 fand eine Vermessung durch Joh. Berends statt. Demnach betrug die Flächengröße gut 22 000 ha, wobei Wege, Gewässer und Deiche in Abzug gebracht wurden.

Die Mejer-Karte von 1637 läßt die große Bedeutung des – in der Flut von 1634 durchbrochenen – Moordeiches erkennen, der sich von Lieth quer über Alt-Nordstrand bis nach Bupsee erstreckte und damit die Köge der Edoms- und Beltring-Harde verband und sicherte.

Bemerkenswert ist der großzügige Plan einer Bedeichung von 1633, nach dem die Rungholt-Bucht durch einen Damm von der Pellworm-Harde über Südfall zur Edoms-Harde zurückgewonnen werden sollte. Trotz der damals schwierigen Abdämmung des Fallstroms, eines im Verhältnis zur heutigen Norderhever kleinen Fließgewässers, hätte dieses Deichwerk mit den derzeit vorhandenen technischen Möglichkeiten wohl gelingen können. Die Katastrophenflut im Oktober des nächsten Jahres zerstörte die Voraussetzungen für die Ausführung dieses Plans.

Über Anzahl und Lage der Halligen vor 1634 sind die überlieferten Angaben ungenau oder lückenhaft, zum Teil auch widersprüchlich. Auf jeden Fall hatten sie eine sehr viel größere Ausdehnung als heute, sofern sie nicht ganz verschwunden sind. Darüber geben zeitgenössische Kartierungen Aufschluß (vgl. Karte S. 67). Eine Reihe von Halligen waren Bestandteile der drei Harden bzw. bildeten gemeinsame Kirchengemeinden. Dies läßt auf eine nachbarschaftliche Lage mit zum Teil geringen Entfernungen zueinander schließen. So war Hooge bis

1634 noch nach Pellworm eingepfarrt. Allerdings baten die Einwohner schon im Jahre 1618 den Herzog um Anstellung eines besonderen Predigers auf der Hallig, da die Überfahrt zur Kirche nach Pellworm durch „Einschälung und Abwaschung des Meerwassers" viel breiter und gefährlicher geworden war. Die Butwehler fuhren noch nach Gröde, die Langenesser nach Oland zur Kirche. Allerdings wird berichtet, daß auch zwischen diesen Halligen immer breitere und tiefere Prielbildungen erfolgten. Interessant ist eine Handzeichnung von Peter Sax, worin Alt-Nordstrand nur im Umriß wiedergegeben ist und das Hauptgewicht auf die „Nordstrand umgebenden und schützenden Halligen" gelegt ist. Daraus geht hervor, daß man bereits im 17. Jahrhundert die Bedeutung der Halligen als „Wellenbrecher" erkannt hatte, indes waren sie durch ständigen Uferabbruch in ihrer Existenz gefährdet.

Nach den großen Landverlusten von 1362 reichte der Meereseinfluß infolge fortschreitender Austiefung der Priele sehr bald in ehemals meeresferne, geestnahe Gebiete hinein, so daß nunmehr sowohl in Eiderstedt als auch an der sich nördlich anschließenden Küste umfangreiche marine Verlandungen erfolgten. Aus Landverlusten auf der einen wurden also mit zeitlicher Verschiebung Landgewinne auf der anderen Seite. Diese natürliche Entwicklung nutzte der Mensch, indem er zunächst das vor den Geesträndern gelegene Neuland bedeichte. Auf die Weise war die vor den Toren von Husum liegende Südermarsch gegen Überflutungen abgeriegelt worden. Mit dem Bau des Dammkooges und der damit verknüpften Abdämmung der sogenannten Nordereider erfolgte die Landfestmachung von Eiderstedt. Damit war die Verbindung zwischen Eider bzw. Treene und Süderhever unterbrochen. Durch nachfolgende Eindeichungen (u. a. Padelecker Neuer Koog, Obbenskoog und Adolphskoog) erhielt auch die Lundenberg-Harde eine Verbindung mit Eiderstedt und damit eine Verkürzung ihrer Seedeichlinie. Dennoch blieb sie im Nordwe-

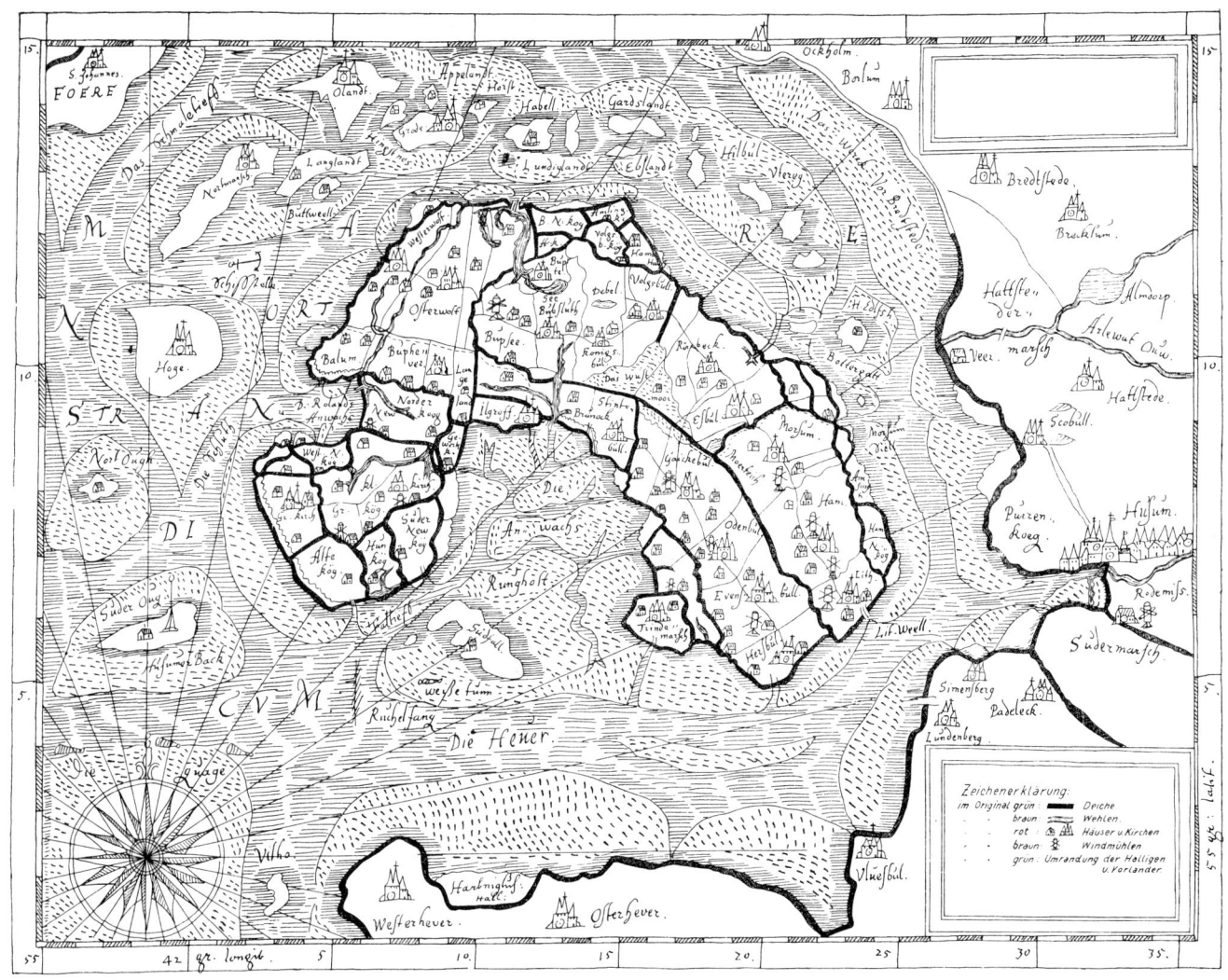

Alt-Nordstrand um 1637 von J. Mejer

29

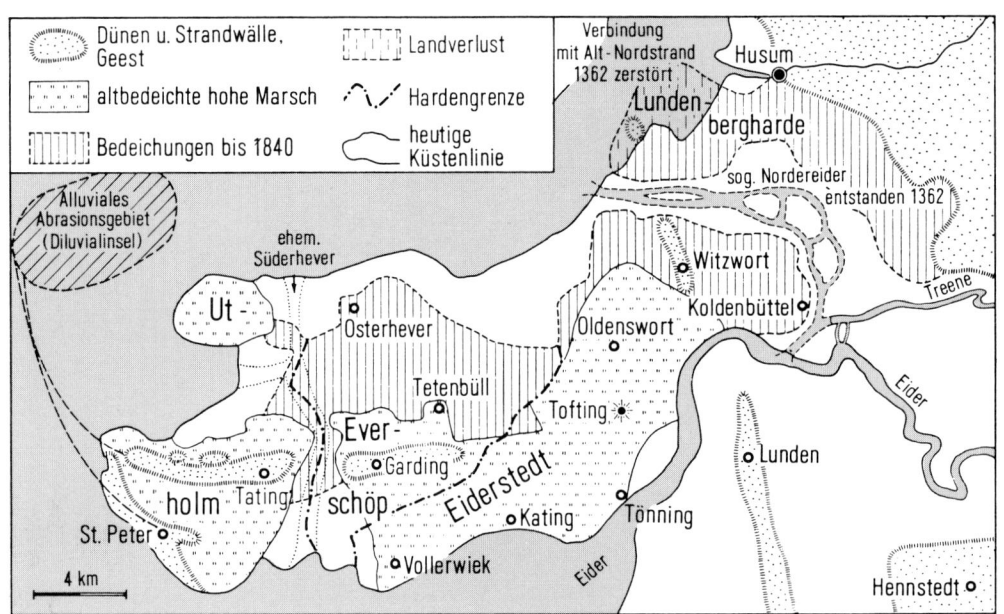

sten durch den Heverstrom, der ihr bei der Abtrennung von Alt-Nordstrand im Jahre 1362 bereits zum Verhängnis geworden war, weiterhin so stark gefährdet, daß 1625 aufgrund eines herzoglichen Mandats ein Mitteldeich gezogen wurde. Ähnlich wie der Hattstedter Neue Koog, der Ockholmer Koog und der Wiedingharder Alte Koog war auch die Lundenberg-Harde in ihrer exponierten Lage den Meeresangriffen schutzlos ausgesetzt; sie alle gerieten in den Einflußbereich der sich immer weiter in Richtung auf das Festland ausdehnenden Prielsysteme.

Günstige Anwachsbedingungen hatte es auch in der Bredstedter Bucht gegeben, so daß man glaubte, dieses Gebiet mit einem Schlage dem Meer abringen zu können. Zwar gab es keine extremen Wattströme in dieser Bucht, dafür mußte der Deich auf der Linie Hattstedter Neuer Koog – Ockholm auf einer sehr langen Strecke

über das Watt gelegt werden. Nach Angaben von Heimreich ist das von ausländischen Teilhabern getragene große Bedeichungswerk 1619 begonnen worden. Nach anfänglich zufriedenstellendem Baufortschritt störten vom dritten Baujahr an heftige Sturmfluten den Bauvorgang. Mehrere Sturmfluten Anfang 1625, darunter eine schlimme Eisflut, zerstörten den fast fertiggestellten Deich derart, daß es trotz aller Bemühungen des Landesherrn zunächst nicht zur Wiederaufnahme des Deichwerks kam.

Durch ein weiteres Bedeichungsprojekt (vgl. Karte S. 32) schickte sich die nordfriesische Küste zu dieser Zeit an, ihr Gesicht erheblich zu verändern. Nach der viel zu frühen Gewinnung des Gotteskoogs und des Störtewerker-Koogs um 1550 war ein erster wichtiger Schritt zur Eindeichung der restlichen Dagebüller Bucht getan. Nachdem umfangreiche marine Aufschlickungen erfolgt waren, ging man nach einem ersten mißglückten Versuch (1570 bis 1590) Anfang des 17. Jahrhunderts wiederum an die Planung des sogenannten Bottschlotter Werks, mit dem 14 000 Demat Neuland (6900 ha) gewonnen werden sollten. Dieses Mal wurde allerdings eine Reihe vorwiegend holländischer Partizipanten gewonnen, die das Projekt finanzierten. Die Dagebüller Bucht lag nach Norden durch die seit 1436 bedeichte Wieding-Harde begrenzt, seewärts durch die Großhalligen Galmsbüll, Dagebüll und Fahretoft, südlich durch die inzwischen auch landfest gewordene Hallig Ockholm (1515). Die

Hauptschwierigkeit bestand in der Abdämmung der beiden Gezeitenrinnen des Bottschlotter- und des Kleiseer-Tiefs, zumal sich diese beiden Ströme zwischenzeitlich zu einem „Ringstrom" vereint hatten. Holländischen Deichbauern gelang im Jahre 1633 die Schließung des 380 m breiten Bottschlotts. In der direkten Verlängerung dieses Dammes entstand auf Fahretoft der „Mariendeich", auf dem der für die Abdämmung des benachbarten Kleiseer-Tiefs beschäftigte holländische Deichbau-Ingenieur Leeghwater die Flutkatastrophe von 1634 überlebte.

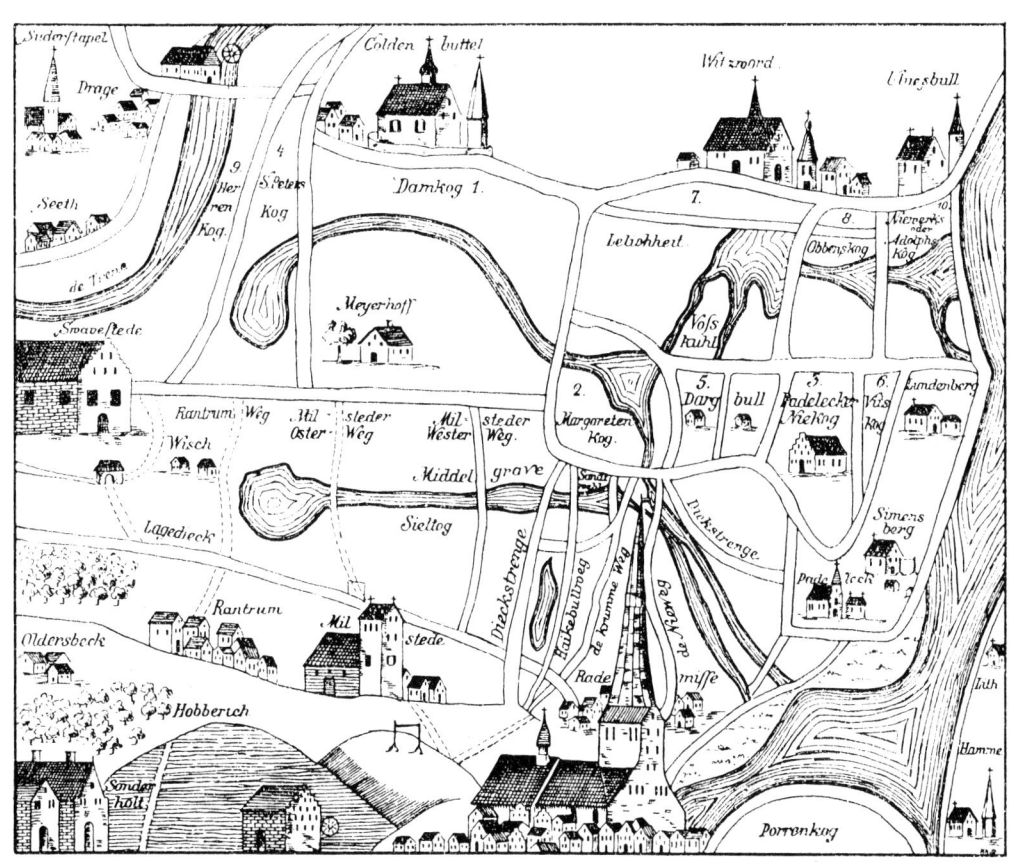

Die Lundenbergharder Köge auf einer Skizze von Knutzen aus dem Jahr 1588. Die Karte verdeutlicht auch den durch Abdämmungen bedingten Verlandungsvorgang der sogenannten Nordereider

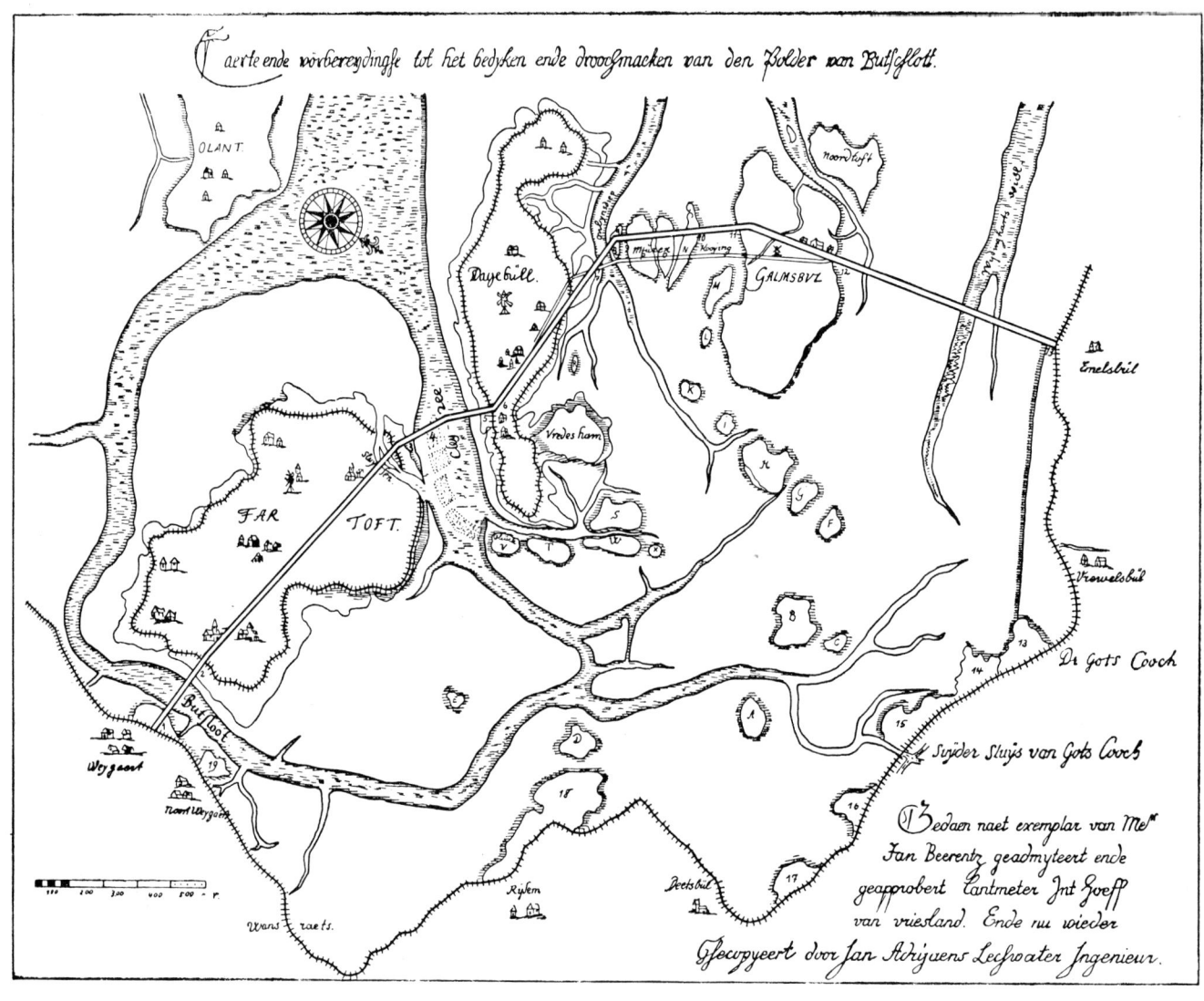

Deichplan zum Bottschlotter Werk von Jan Berends, 1632 von Leeghwater kopiert

Die Flutkatastrophe von 1634

Ursachen

Zweifellos waren es einige wenige Sturmfluten, die katastrophenartige Einbrüche verursacht haben, und damit einen bestimmenden Einfluß auf die Landschaftsgestaltung gewannen – so die Sturmflut vom 11. Oktober 1634. Allerdings sind deren außerordentliche Zerstörungswerke stets durch eine ganze Reihe von vorangegangenen Sturmfluten vorbereitet worden. Im ersten Drittel des 17. Jahrhunderts sind uns denn auch bis in das Jahr 1631 hinein viele Sturmfluten überliefert, die an den besonders gefährdeten Stackdeichen große Schäden angerichtet hatten – insbesondere auf Alt-Nordstrand, aber auch in der Lundenberg-Harde und in Eiderstedt. Die ohnehin schon schwierigen und äußerst kostspieligen Instandsetzungsarbeiten, die zudem meist unter Zeitdruck ausgeführt werden mußten, wurden in der Regel noch durch massive Streitigkeiten erschwert und immer wieder verzögert. Eine Fülle von Eingaben und Bittschriften an den Landesherrn macht deutlich, daß die zahlreichen Überflutungen den wirtschaftlichen Ruin vieler Bauern auslösten. Ehe sie nach altem Recht den Spaten in ihren Deichabschnitt steckten, bemühten sie sich bei ihrem Landesherrn um Erlaß der Landgelder, um Materiallieferungen für die Raparaturarbeiten oder auch um Verpflichtungen für benachbarte Köge zur Mithilfe. Auf solche Eingaben hin wurden in der Regel zunächst Kommissionen eingesetzt, die in zeitraubenden Verfahren den Versuch unternahmen, Entscheidungen oder Schiedssprüche herbeizuführen. So lag es also hier und dort auch an der mangelnden Zusammenarbeit der zu einem Deichverband gehörenden Köge, daß der Zustand der Deiche und die Wehrfähigkeit vernachlässigt wurden.

Dies betraf auch die in der zweiten Linie liegenden Mitteldeiche und die Schlafdeiche, wenn sie streckenweise abgegraben worden waren und in Katastrophenfällen nicht mehr verhindern konnten, daß nach erfolgtem Einbruch in den Seedeich auch rückwärtige Köge überschwemmt wurden. Hinzu kam, daß bei dem Heranrükken der Priele an den Seedeich wegen unzureichender Abwehrmaßnahmen zumeist die Rückverlegung des Deiches als einziger Ausweg blieb. Dazu schreibt der im 18. Jahrhundert auf Pellworm wirkende Pastor Kruse: „Der Untergang der Insel hatte in nichts anders seinen Grund wie in dem elenden Zustande der Deiche und des Deichwesens überhaupt. Die Deiche waren an manchen Stellen nicht mehr wie 10 Fuß über die tägliche Fluth hoch, dazu schwach und hin und wieder aus schlechter, moorigter und sandigter Erde aufgeführt. Auch wurden sie so wenig wie die Schleusen beständig im guten Stande gehalten, und sollte eine wichtige Reparatur vorgenommen werden, so gabs nichts wie Zank und Zwiespalt. . . . Freilich wäre Nordstrand, wenn es auch ungleich bessere Deiche gehabt hätte, bei der ungeheuren Fluth wohl nicht von einer Überschwemmung frei geblieben; aber bei besseren und stärkeren Deichen – zumal wenn man auch die Mitteldeiche im guten Stande erhalten hätte – würde sicher das Bassin nicht so geschwinde und so hoch mit Wasser angefüllt worden sein, daß über $2/3$ der Einwohner hätten ertrinken können. Es wären also mehrere Menschen am Leben geblieben, und diese hätten ihre Deiche wiederherstellen und das Land retten können."

Weiter führt er als Begründung für die katastrophalen Auswirkungen der Sturmflut von 1634 auf Alt-Nordstrand an: „Der Boden der Insel ist an vielen Stellen so niedrig, daß er ohne Deiche wahrscheinlich bei stillem Wetter selbst von der täglichen Flut überschwemmt werden würde. . . . Wie niedrig der Boden an manchen Stellen war, kann man daraus entnehmen, daß man bei der Ebbe die Gräben, die zur Befriedigung der Ländereien dienten, noch jetzt deutlich bemerkt. Das Land kann also nach der Inundierung (Überschwemmung – R.) nur ein paar Fuß abgespült sein. ... Eben wegen der moorigen Grundlage sank vielleicht der Boden, da er durch Gräben ausgetrocknet wurde, an manchen Stellen unter den gewöhnlichen Wasserstand. Solches Marschland gleicht einem Schwamme, der die Feuchtigkeit an sich zieht und dadurch in die Höhe getrieben wird. Solange es unbedeicht liegt, erhält es diese Höhe, aber sobald es eingedeicht und durch Gräben durchschnitten wird, zieht sich die Feuchtigkeit in diese und das Land schrumpft zusammen."

Auch Bantelmann (1966, S. 45/47) beschäftigt sich mit der Frage nach den Auswirkungen, die menschliches Eingreifen in den Naturhaushalt auf die Hydrologie des nordfriesischen Küstenraumes zeitigte. Im Hinblick auf Alt-Nordstrand führt er dazu aus: „Aber schon die ersten Kulturmaßnahmen, die Entwässerung der vertorften Oberflächenschichten, leiteten einen Vorgang ein, der sich später als folgenschwer erweisen sollte. Durch die systematisch betriebene Oberflächenentwässerung mit Hilfe des Grabennetzes, von dem das Land alsbald durchzogen war, trat eine verstärkte Setzung der organogenen Ablagerungen ein, welche das Land bedeckten, und bewirkten eine Verminderung der ursprünglichen Höhenlage. Dazu kam noch, wie aufgefundene Reste deutlich zeigen, daß die Bewohner sich auf verschiedene Art der landwirtschaftlich unfruchtbaren Torfdecke entledigen wollten, um den unter ihr liegenden fruchtbaren Klei nutzen zu können. ... Die Zerstörung der Torfschichten scheint im Gesamtgebiet der frühbedeichten Teile des alten ‚Strandes' mit Ausnahme des Wüsten Moores vor sich gegangen zu sein."

Lag die Oberfläche des bedeichten Landes unter Mitteltidehochwasser (MThw), so konnten die Wassermassen nach einem erfolgten Deichbruch – auch noch nach Abklingen der Sturmflut – bei jeder normalen Tide durch die Lücke ein- und ausströmen und somit das tiefliegende Land täglich zweimal überfluten. Wurden diese Lük-

ken – etwa aufgrund der Bildung von Wehlen – nicht rasch geschlossen, so sorgte eine immer stärker werdende Strömung für eine Verbreiterung und gegebenenfalls auch für eine Austiefung der Deichlücke. Das ehemalige Nutzland konnte auf diese Weise in einer relativ kurzen Zeitspanne durch weiteren Landverlust und durch Bildung von Gezeitenrinnen in ein Wattgebiet verwandelt werden. Damit war es dann der menschlichen Nutzung entzogen.

Da man damals noch nicht in der Lage war, die astronomisch bedingten Wasserstände bei Ebbe und Flut zu messen, konnten die verantwortlichen Deichbauer nicht erkennen, daß sich der Meeresspiegel langsam hob. Dieser säkulare Anstieg der Wasserstände – auch bei Sturmfluten – dauert heute noch an.

Wenn die von Menschen unbeeinflußbare Flutwelle aus der Nordsee in das Wattgebiet einschwingt, ergibt sich auf dem flachen Wattensockel bis hin zu den Festlandsdeichen ein natürliches Gefälle der Wasseroberfläche. Petersen (1981, S. 41/43) hat dafür den hydrographischen Nachweis gebracht. „Das MThw Husum erreicht ... einen um 35 cm höheren Wert als draußen an der Hevermündung: der Wasserspiegel, die ausgeglichene Grenzfläche gegen die Atmosphäre, hat bei gewöhnlichen Wetterverhältnissen etwa ein Gefälle von einem Zentimeter auf einen Kilometer. ... Starke, längere Zeit anhaltende Stürme aus dem Westen erhöhen in der Deutschen Bucht den Wasserstand. Der sogenannte Windstau erreicht dann an den Festlandsdeichen und noch mehr in tieferen Buchten die höchsten Werte. ... Bei extrem hohen Sturmfluten kann das Gefälle von vier auf maximal fünf Zentimeter ansteigen. Offensichtlich ist eine stärkere Neigung der Wasserfläche nicht möglich, wenn man von kurzfristigen Stauwerten durch Sturmböen absieht."

Künstliche Anlagen beeinflussen den beschriebenen Stauvorgang verhältnismäßig wenig. Anders ist dagegen die Wirkung der vorgelagerten Inseln und Halligen auf

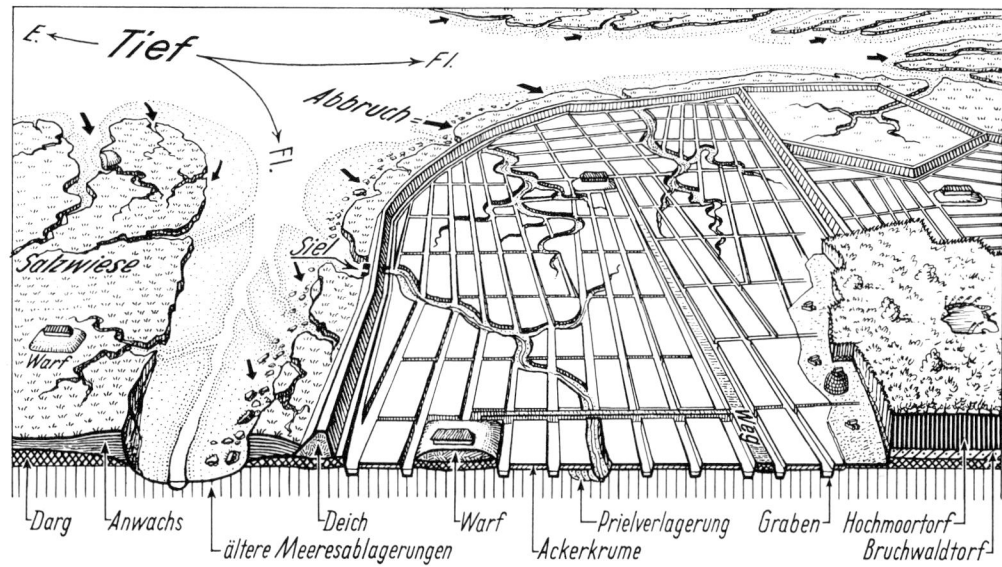

Kulturmaßnahmen im Mittelalter auf alter vermoorter Marsch von Alt-Nordstrand

Labels in figure: E. ← | Tief | Fl. | Abbruch | Fl. | Saltwiese | Siel | Warf | Weg

Darg | Anwachs | ältere Meeresablagerungen | Deich | Warf | Ackerkrume | Prielverlagerung | Graben | Hochmoortorf | Bruchwaldtorf

die Wellenangriffe zu beurteilen. Sie fangen die Naturkräfte an den Hochufern, Deichen und Warften auf, schwächen deren Stoß- und Strömungsenergie zum Festland hin ab und üben somit die Funktion von Wellenbrechern aus.

Verlauf

„Den 11. Oktober hat sich ein ungeheurer Sturmwind aus dem Südwesten erhoben, so sich in folgender Nacht auf halber Springflut nach dem Nordwesten gewendet", schreibt Heimreich über die Sturmflut von 1634. Peter Sax, der diese Flut in Koldenbüttel auf dem Festland als Augenzeuge erlebte, berichtet: „... um sechs Uhr auf abend fing Gott der Herr aus dem Osten mit Wind und Regen zu wettern, um sieben Uhr wendete er den Wind nach dem Südwesten und ließ so stark wehen, daß fast kein Menschen gehen oder stehen konnte, um acht und neun Uhr waren alle Deiche schon zerschlagen ... und

Gott der Herr ließ donnern, regnen, hageln, blitzen und den Wind so kräftig wehen, daß die Grundfeste der Erde sich bewegten. ... um zehn Uhr war alles geschehen." Diese Aussagen werden in einer „Klagepredigt" des Pastors Lobedantz aus Gaikebüll im wesentlichen bestätigt. Nach Drehung des Südweststurms auf Nordwest nahm dieser Orkanstärke an und drückte ungeheure Wassermassen gegen die Deiche. Als erster Seedeich in der Nähe von Gaikebüll brach der Stintebüller Deich gegen 10 Uhr abends, worauf eine Überflutung eintrat, die erst zwei Stunden nach Mitternacht ihren Höhepunkt erreichte – zu diesem Zeitpunkt hätte Ebbe sein sollen. Die Angaben über die Fluthöhe variieren zum Teil erheblich. Auf dem Festland erreichte das Wasser wohl eine Höhe von 4 m über MThw (die Sturmflut von 1976 hatte in Husum eine Höhe von 4,11 m über MThw = NN + 5,66 m).
Dies sind die überlieferten Fakten zum eigentlichen Ab-

Wellenangriff auf einen Deich

lauf der Sturmflut. Im übrigen begnügten sich die Zeitgenossen mit der Erklärung, daß in der Flutkatastrophe ein Gottesgericht zu sehen sei. Wie ist der damalige Ablauf des Sturmflutgeschehens nun mit den uns heute vorliegenden Erkenntnissen zu erklären? Welche Faktoren müssen zusammentreffen, um eine Flut in ihren Auswirkungen so verheerend werden zu lassen wie am 11. Oktober 1634?

1. Der entscheidendste Faktor ist die Existenz eines ausgeprägten Tiefdruckwirbels, der zur Sturmentwicklung führt. Für die Nordseeküste muß der Wind aus westlicher oder nordwestlicher Richtung wehen, d. h. also senkrecht auf die Küste zu oder in den Flußmündungstrichter hinein.

2. Das Sturmgeschehen muß parallel zum auflaufenden Wasser der Flut stattfinden. Die Gezeiten können durch eine Springtide erheblich verstärkt werden.

3. Erhöhte Wasserstände werden durch extremen Wellengang zu einer großen Gefahr für Küstenschutzbauwerke.

... Schäden nach einer Sturmflut

Besonders dann, wenn alle genannten Faktoren zur Wirkung kommen, können Flutkatastrophen schlimmen Ausmaßes eintreten.

Wenden wir uns den Ursachen für eine Sturmflut im einzelnen zu, um die Faktoren näher kennenzulernen:

1. Wind ist die Folge einer Luftströmung, die ein Luftdruckgefälle voraussetzt. Es ist dann gegeben, wenn zwischen zwei verschiedenen Orten Luftdruckunterschiede bestehen, die durch unterschiedliche Erwärmung der Lufthülle über dem Wasser und über dem Festland hervorgerufen werden. Gebiete hohen Luftdrucks sind die Hochs, solche mit tiefem Luftdruck die Tiefs. In den unteren Luftschichten strömt die Luft vom Hoch zum Tief, wobei es auf der Nordhalbkugel durch die Erddrehung zu einer Rechtsablenkung der Strömung kommt. „Wenn ein kräftiges Tief vom Westen oder Nordwesten zur Nordsee heranzieht, entsteht eine starke Luftströmung. Je nach Lage dieses ‚Sturmtiefs‘ zu den benachbarten Hochdruckgebieten, nach den Luftdruckverhältnissen in den Hochs, nach Lage von Warm- oder Kaltfronten, nach Wanderrichtung und Wandergeschwindigkeit des

Tiefs kann es zu einem schweren Sturm, ja zu einem Orkan, über der Nordsee kommen, dessen Größe und Richtung sich mehr oder weniger kurzfristig ändern kann. Da der Wind das Zentrum des Tiefs rechts umkreist, entsteht an der Nordseeküste ein Wind aus westlicher oder nordwestlicher Richtung" (Petersen/Rohde 1979, S. 21). Starke Stürme treten vor allem im Winterhalbjahr auf, von Oktober bis März, da während dieser Zeit die Gegensätze zwischen kalter Polarluft im Norden und warmen Luftmassen über dem Atlantik besonders groß sind. Durch Kenntnis der Lage von Sturmtiefs kann man heute deren Zugbahnen und Zielgebiete vorhersagen – wegen ihrer großen Geschwindigkeit jedoch nur mit einem geringen Zeitvorsprung. Fachleute unterscheiden nach ihrer Zugrichtung im wesentlichen drei Sturmtiefs, die an unserer Nordseeküste schwere oder sehr schwere Sturmfluten zur Folge haben: Skagerrak-Typ, Skandinavien-Typ, Jütland-Typ. Folgen wir den uns überlieferten Fakten über den Ablauf der Sturmflut vom 11. Oktober 1634, so liegt die Vermutung nahe, daß es sich um ein Sturmtief des Jütland-Typs gehandelt hat – ebenso wie bei der Sturmflut am 3. Januar 1976. Es bewegte sich sehr schnell von West nach Ost und verursachte für nur kurze Zeit starke Stürme über der Nordsee. Sie wehten zunächst von Südwesten, drehten dann aber nach West und später nach Nordwest. An der schleswig-holsteinischen Westküste kam es dabei zu einem sehr großen Windstau. Der Sturm dauerte nur eine relativ kurze Zeit.

2. Wir hatten bereits an anderer Stelle von der Nordseeküste als einer Gezeitenküste gesprochen, an der der Wasserstand periodisch ansteigt und wieder fällt. Dies geschieht infolge der Anziehungskräfte des Mondes und der Sonne auf die rotierende Erde. Sie lassen im Atlantischen Ozean Gezeitenwellen, das sind periodische Horizontalbewegungen des Meerwassers, entstehen, die im Norden zwischen Schottland und Norwegen ein- und ausschwingen. Durch die geringe Tiefe und durch die Trichterform erreicht der Tidenhub in der südlichen Nordsee besonders große Werte. Der Tidenhub kann bei Spring- bzw. Nipptide wesentlich höher bzw. niedriger ausfallen. Eine Springtide wird dadurch ausgelöst, daß sich durch eine entsprechende Stellung zueinander die Anziehungskräfte addieren und damit wesentlich verstärken – ein relativ hohes Tidehochwasser (Thw) und ein relativ niedriges Tideniedrigwasser (Tnw) sind die Folge. Nach den Ausführungen von Peter Sax hat dieser Sachverhalt auch am 11. Oktober 1634 annähernd vorgelegen. Das Zusammenwirken von starken Nordwestwinden und „halber Springflut" wird für besonders hohe Wasserstände verantwortlich gewesen sein.

Heute erhalten wir die astronomisch vorausberechneten Werte für die jeweils im Abstand von ca. 6 Stunden auftretenden Wasserstände bei Ebbe und Flut vom Deutschen Hydrographischen Institut in Hamburg. Sie lassen jedoch den Wetterfaktor Wind unberücksichtigt. Laufen die Wasserstände höher auf als die astronomisch vorausberechneten, so sprechen wir von einem Windstau.

3. Die Katastrophenwirkung einer Sturmflut kann in ganz entscheidender Weise durch eine starke Wellenbewegung beeinflußt werden. Außer den direkt vom Wind erzeugten Wellen gibt es die Dünung, die aus abgewandelten Wellen eines zum Bespiel im Atlantik liegenden Sturmgebiets besteht. Sie kann auch in der Nordsee noch zu einem erhöhten Wasserstand führen.

Bei Sturmflutwasserständen schlagen die Brandungswellen in großer Höhe und mit ungebändigter Energie an Steilufer, Dünensäume und auf Küstenschutzbauwerke und werden für diese zu einer großen Gefahr. Sind die Wellen nicht schon am Strand oder im Vorland gebrochen, sondern erfolgt dies erst auf der Deichböschung, so können solche Druckschläge mit ihrer starken Wucht mehr oder weniger große Schäden hervorrufen. Ist ein Deich erst einmal durchbrochen worden, so kann das einströmende Wasser sein Zerstörungswerk sehr rasch fortsetzen.

Wenn die Wellen bei hohen Sturmflutwasserständen über die Deichkrone hinwegschwappen, können sie zu Rutschungen der Binnenböschung führen. Die Standsicherheit des dann geschwächten Deichkörpers ist bei steilen Innenböschungen verhältnismäßig schnell gefährdet.

In seiner Schilderung über die Flutkatastrophe von 1634 in Eiderstedt spricht Peter Sax von Wasserständen zwischen 4,1 und 5,8 m. Der höchste Wert beruht mit Sicherheit auf einer Übertreibung. Er kann aber auch ein Hinweis auf die gewaltigen Wellen sein, die über die Deiche schlugen und diese auf weite Strecken mit sich rissen.

Heute sprechen wir von leichten, von schweren oder von sehr schweren Sturmfluten in Abhängigkeit von den jeweiligen Scheitelwasserständen (Höhe des höchsten Wasserstandes). Diese in möglichst langen Reihen für die verschiedensten Punkte der Nordseeküste zu kennen, ist eine ganz wesentliche Voraussetzung für die Bemessung von sicheren Küstenschutzbauwerken. Ergebnisse langer Meßreihen können schließlich auch einen Hinweis auf längerfristige Wasserstandsänderungen geben. Wie wir anfangs feststellten, befinden wir uns seit 1800 v. Chr. in einer Meerestransgressions-Phase (Dünkirchen-Transgression), die heute noch anhält. Jedenfalls wurde in den letzten hundert Jahren an der deutschen Nordseeküste und der westlichen Ostseeküste ein Anstieg des Wasserstandes von etwa 25 bis 30 cm festgestellt – ein Maß, das bei sehr schweren Sturmfluten von entscheidender Bedeutung sein kann. Zusätzlich zu dem säkularen Meeresspiegelanstieg, der unregelmäßig und mit Unterbrechungen stattfand, verstärkte sich die Tidebewegung zwischen den Halligen und den bedeichten Inseln und räumte die verbleibenden, eingeengten Priele mehr und mehr aus. Der Tidenhub nahm zu, und die Tidegrenzen wurden stromaufwärts verschoben. „Das von See her bei Sturmfluten eindringende Wasser konnte sich nun nicht mehr über das verzweigte Prielsystem über das ganze Land ausbreiten, sondern es drängte sich in den wenigen großen Tidewasserläufen zusammen mit höheren Wasserständen, vor allem bei Sturmfluten. Dieser stärkeren Belastung hielten manche der schwachen Deiche nicht stand. Deichbrüche waren die zwangsläufige Folge" (Petersen/Rohde, S. 37).

Infolge der gesammelten Erfahrungen und der gewonnenen Erkenntnisse sowie aufgrund materieller Voraussetzungen sind wir heute in der glücklichen Lage, unsere Küstenschutzbauwerke auf die höchsten bekannten Wasserstände auszurichten. Außerdem eröffnen uns die Vorhersagedienste in der Regel die Möglichkeit zu rechtzeitigem Handeln bzw. zur Katastrophenvorsorge. Unseren Vorfahren ging es bei weitem nicht so gut, ihnen fehlte nicht nur das Wissen um Zusammenhänge, sondern es mangelte ihnen im 17. Jahrhundert auch noch an Erfahrungswerten über mögliche Höchstwasserstände, denen sie die Deichhöhen hätten anpassen können. Wir kennen die Scheitelwasserstände der weiter zurückliegenden Jahrhunderte nur von wenigen Stellen, wenn wir bei den überlieferten Sturmfluten dennoch – wie heute – von schweren oder sehr schweren Sturmfluten sprechen, so orientiert sich die Anwendung dieser Begriffe vorwiegend an den durch die eingebrochenen Wassermassen angerichteten Schäden. Handelt es sich um ähnlich verheerende Verwüstungen wie 1634, so finden wir bei Chronisten häufig das Wort „Katastrophenflut". Für die verursachten Schäden müssen nicht immer zwingend hohe Scheitelwasserstände verantwortlich gewesen sein, in der Regel waren es die unvollkommenen Deichanlagen und Sielbauwerke, die letztlich zu einer Katastrophenflut führten.

Vergegenwärtigen wir uns die wesentlichen Gründe für den katastrophalen Verlauf der Sturmflut von 1634:
1. Das Wasser lief sehr hoch auf.
2. Die Flut traf auf die äußerst anfälligen Stackdeiche.
3. Durch das rasche Heraufziehen des Unwetters wur-

Zerstörter Ständerbau nach einer Sturmflut

den die Zeitgenossen von der Flut völlig unvorbereitet getroffen.

4. Die Flutkatastrophe brach bei Dunkelheit herein und weitete sich vielerorts zu einer Brandkatastrophe aus.
5. Der 30jährige Krieg hatte die Marschenbewohner wirtschaftlich derart geschwächt, so daß die Deiche in einen sehr schlechten Zustand geraten waren.

Verluste

Aufgrund der geschilderten Umstände – wie sie auch in dem zu Beginn zitierten Leeghwater-Text deutlich wurden – nahmen die Verwüstungen und Verluste, die innerhalb weniger Stunden eintraten, verheerende Ausmaße an. Dies wird bestätigt, wenn wir uns aus überlieferten Berichten und Listen die Verluste exemplarisch ausgewählter Kirchspiele etwa auf Alt-Nordstrand vergegenwärtigen: Das untergegangene Osterwohldt hatte 394 Todesopfer zu beklagen, lediglich 6 „Hauswirte" überlebten, 43 Häuser wurden durch die anbrandende Flut „weggefahren". In Buphever starben 340 Menschen, 30 „Hauswirte" und 7 „Kötener" blieben übrig, 90 Häuser wurden „weggeschlagen". 1012 Menschen ertranken in „Pillworm", 191 Häuser wurden „weggetrieben". In „Illgrufft", wo die heutige Noderhever einbrach, wurden 283 Todesopfer gezählt, nur 9 „Hauswirte" und 1 „Kötener" überlebten die Katastrophe. Das Kirchspiel Evensbüll (nach der Rückgewinnung Neuer Koog auf Nordstrand) hatte 240 Flutopfer zu verzeichnen; außer 37 Häusern wurden 2 Mühlen sowie ein Glockenturm „abgetrieben". In Gaikebüll wurden 73 Häuser, ein Glockenturm und 2 Mühlen von den eingedrungenen Wassermassen zerstört; trotz der großen Sachschäden war die Zahl der Todesopfer mit 23 relativ gering, mehr als 250 Personen überlebten hier die Flutkatastrophe. Das heute von der Landkarte verschwunden Volgsbüll verlor hingegen 340 seiner Einwohner, nur 4 „Hauswirte" und 3 „Kötener" entkamen den in den Koog eingeströmten Fluten (vgl. Karte Vorsatz hinten). Als „summa summarum" sind in einem Aktenstück des Schleswiger Staatsarchivs für das gesamte Alt-Nordstrand folgende Verluste aufgeführt: „6123 Menschen ertrunken und umgekommen, darunter neun Prediger, zwölf Küster; 1339 Häuser ganz weggetrieben; 375 Hauswirte oder Landeigner und 58 Kötener behalten; 28 Windmühlen weggetrieben; 6 Glockentürme weggetrieben . . . An Tieren und lebendiger Habe, als Pferde, Ochsen, Kühe, Schafe und Schweine sind ertrunken mehr und nicht minder über 50 000 Stück."

Damit sind gut ⅔ der Gesamtbevölkerung von Alt-Nordstrand in der Flut von 1634 verlorengegangen.

Auf den Halligen, deren Todesopfer den Angaben für Alt-Nordstrand zugezählt sind, ertranken 113 Menschen, davon 41 auf Hooge, 24 auf Langeneß und 48 auf Nordmarsch.

In Dithmarschen kamen nach Heimreich 383 Menschen ums Leben; am härtesten wurde das Kirchspiel Busen (heute: Büsum) getroffen: 168 Menschen ertranken, 1360 Stück Vieh gingen verloren, 102 Häuser wurden „weggetrieben". Besonders groß waren die Verluste in Eiderstedt; Heimreich beziffert die Flutopfer auf 2107; 12 838

Stück Vieh und 664 Häuser gingen verloren. Dagegen war die Zahl der Todesopfer in den besonders hart getroffenen Kirchspielen Lundenberg, Siemonsberg und Padeleck wegen der guten Fluchtmöglichkeiten mit 100 relativ gering. Für die Nordergoes-Harde gibt Heimreich 800 Tote an, davon entfallen allein auf Ockholm 400 und auf Bargum 300. Große Verluste mußte auch die Wieding-Harde hinnehmen: 143 Todesopfer; 239 Pferde, 1359 Stück Vieh, 67 Häuser gingen verloren. Im ganzen Amt Tondern blieb kein einziger Koog trocken, 600 Personen ertranken.

Diese Zahlenbeispiele mögen in diesem Zusammenhang genügen, um einen Eindruck davon zu vermitteln, welche Tragödien sich in den von unvorstellbaren Wassermassen getroffenen Marschengebieten in der Nacht vom 11. auf den 12. Oktober 1634 abgespielt haben müssen. Die Zahlenangaben der Todesopfer schwanken zwischen 8000 und 15 000 (bei Heimreich), endgültige Gewißheit werden wir nie erhalten. In jedem Fall liegt die Zahl der Toten über 8000, denn Heimreich gibt an, daß „dazumal viele fremde Drescher und Arbeitsleute im Lande gewesen , von deren Anzahl man so eben keine Gewisheit hat haben können".

Auswirkungen auf die nordfriesische Küstenlinie und Bemühungen um Rückgewinnung des untergegangenen Landes

Wie die Angaben über die Flutopfer und Schadensfälle zeigen, erfaßte die Sturmflut die gesamte Westküste von Brunsbüttel bis Tondern, wobei die Schäden in der nordfriesischen Bucht ungleich härter ausfielen als vor der Dithmarscher Küste. Größere folgenreiche Einbrüche waren wohl lediglich in die damals noch recht exponiert liegende Halbinsel Busen (heute: Büsum) erfolgt. Zwar wird auch für das übrige Dithmarschen von zahlreichen Deichbrüchen und Wehlen, von einigen zerstörten Schleusen sowie von weiten Überschwemmungen berichtet, doch waren deren Folgen wohl nicht so verheerend wie in Nordfriesland. Aufgrund der höheren Lage der Dithmarscher Marschgebiete konnte das eingedrungene Meerwasser bald wieder ablaufen, so daß die Wiederherstellung der Deiche (mit insgesamt 291 Brüchen) schon 1635 „mit größtem Eifer betrieben" werden konnte. Die katastrophalen Auswirkungen der Überflutungen im nordfriesischen Küstenraum erklären sich dadurch, daß der amphibische Zustand vollgelaufener Köge noch lange andauerte, da das eingedrungene Wasser wegen der tiefen Lage mancher Ländereien nicht ablaufen konnte bzw. die Tideströmung weiterhin ungehindert ein- und auspendeln mußte. Dadurch wurden die Deichbruchstellen rasch vergrößert, ganze Deichstrecken weggerissen, und binnen kurzer Zeit wurden Köge in Wattflächen verwandelt.

Nicht ohne Grund wird die Sturmflut von 1634 auch als die „Große Nordstrander Flut" bezeichnet, da sie im Insel- und Halligbereich umfangreiche Schäden anrichtete und bis dahin vertraute Landkonturen grundlegend änderte. Davon ausgenommen waren allerdings die Geestinseln, die infolge ihrer natürlichen Küstenformen (Dünen, Altmoränenreste) vergleichsweise geringe Verluste aufwiesen. Lediglich die auf der Ostseite Sylts gelegenen Marschen wurden schwerer betroffen. Die Deiche gingen dabei weitgehend verloren und wurden auch nicht wieder hergestellt, „so daß von dieser Zeit an die Insel ohne Sommerdeiche geblieben, die ganze Sylter Marsch stets unbeschütztes, jährlich verlierendes Halligland gewesen ist". Außerdem gab es Deichschäden auf Föhr. Aus einer Mejer-Karte von 1644 kann geschlossen werden, daß besonders vor Nißehorn größere Deichschäden eingetreten sein müssen.

Die für das Festland überlieferten Verluste, die sich auch auf küstenfernere Orte wie Leck, Klixbüll und Soholm erstrecken, deuten darauf hin, daß es bis an den Geestrand wohl kaum einen Koog gegeben hat, der nach Zerstörung der Seedeiche und trotz vorhandener Mitteldeiche von Überschwemmungsschäden verschont geblieben ist. Ähnliches gilt für den Eiderstedter Raum, für den zahlreiche Deichbrüche bzw. Wehlenbildungen und aus dem Deich herausgerissene Siele und Schleusen im einzelnen belegt sind.

Jedoch kann und soll diese Darstellung nicht jeden der 1634 erfolgten Meereseinbrüche und die daraus resultierenden Schäden beinhalten; eine vollständige Aufzählung wäre wenig sinnvoll. Deshalb ist bei den nachfolgend geschilderten Fluteinbrüchen eine exemplarische Auswahl getroffen worden, die sich einmal an dem Umfang und damit an der Bedeutung der Landverluste orientiert, aber auch an der Ergiebigkeit der vorliegenden Materialien. So werden die Landverluste auf Alt-Nordstrand und in der Lundenberg-Harde geschildert. In der Dagebüller Bucht, neben dem Bredstedter Werk das interessanteste Neubedeichungswerk jener Zeit, mußten zwar keine übermäßig großen Landverluste hingenommen werden, jedoch erlitt das sogenannte Bottschlotter Werk durch die Flutkatastrophe einen schweren Rückschlag, und es erhielt danach eine völlig neue Richtung. Insbesondere Karten sowie anschauliche Skizzen sollen ein Bild von den Schwerpunkten der zum Teil verheerenden Landverluste und von den Bemühungen um deren Rückgewinnung vermitteln.

Alt-Nordstrand und Halligen

Wie die Karte von Mejer aus dem Jahr 1649 zeigt (vgl. Karte S. 67), hat Alt-Nordstrand die größten Landverluste hinnehmen müssen. Die halbmondförmige Insel ist überwiegend mit einer Wellensignatur versehen, womit die infolge der Sturmflut überschwemmten Gebiete gekennzeichnet sind. Relativ kümmerliche Überreste sind ein Teil der Kirchspiele Odenbüll und Gaikebüll in der Edoms-Harde – der Grundstock für das heutige Nordstrand, das Wüste Moor – die heutige Hallig Nordstrandischmoor, der Amsingkoog, der nach einer gewissen Übergangzeit zur Hallig wurde – die heutige Hamburger Hallig sowie Landflächen der ehemaligen Pellworm-Harde – dem heutigen Pellworm.

Der Hauptangriff der Flut am 11. Oktober 1634 war von Süden her auf die Rungholter Bucht gerichtet. Zwar lagen hier seit der Flutkatastrophe von 1362 weite Watt- und Anwachsflächen, die jedoch bei den vorherrschen-

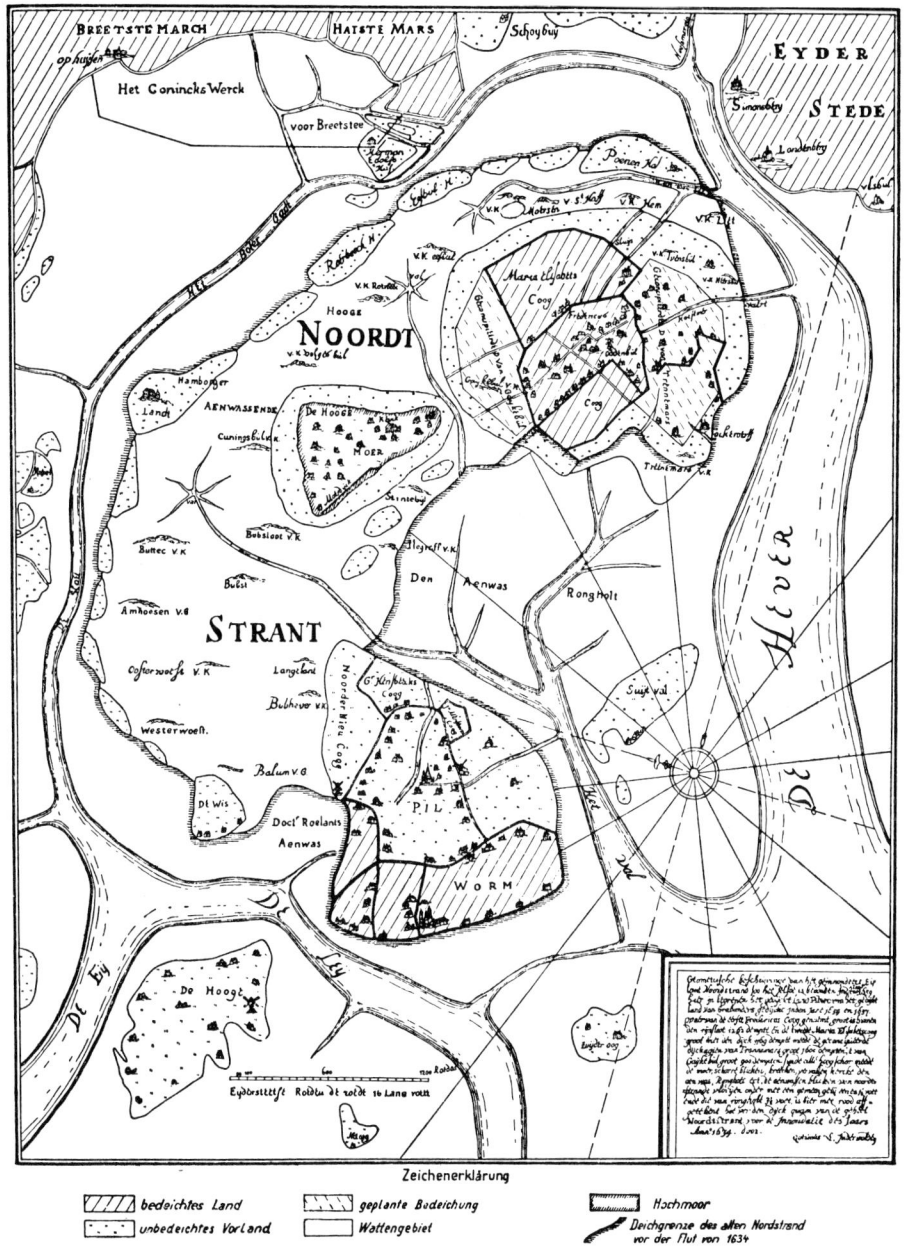

Inderveldens Karte des
zerstörten Alt-Nordstrand,
1659

Folgen der Flut von 1634 im Bereich der Pellworm- und Beltring-Harde

den Stürmen aus dem Westen und Südwesten stets überflutet wurden. Wegen des Staueffekts muß der Wasserdruck auf das Nordufer der Einbuchtung und damit auf die Seedeiche von Ilgrof, Brunock und Stintebüll besonders stark gewesen sein. Die ungewöhnlichen Angriffskräfte der Sturmflut von 1634 zertrümmerten diesen Raum, nachdem auch der in zweiter Linie liegende Moordeich gebrochen war – die Folgen waren katastrophal. Das „Fallstief", das seit 1362 in die Rungholter Bucht vorgedrungen war und sich immer mehr ausgebreitet hatte, erzwang dieses Mal den endgültigen Durchbruch durch die große Marschinsel Alt-Nordstrand.

Die Handzeichnung des Deichgrafen Quirinus Indervel-

den aus dem Jahr 1659 macht uns die oben geschilderte Situation in besonderer Weise deutlich. Das zwischen der alten Pellworm-Harde und der ehemals sehr viel größeren Hallig Südfall liegende „Fallstief" hat sich immer weiter verzweigt und ist inzwischen in ehemalige Kulturlandflächen vorgestoßen. Nur noch in die Wattsignatur eingetragene Namen wie Westerwohldt, Buphever, Balum oder Stintebüll erinnern uns an Landflächen, auf denen vor nunmehr 350 Jahren noch grüne Wiesen und wogende Kornfelder das Bild prägten. Sehr bald fand das „Fallstief" Anschluß an das weitaus größere Wattgebiet im Norden, dem Einzugsbereich der Süderau. Durch das „Fallstief" mußte nun plötzlich ein wesentlich größerer Wasserraum im Rhythmus der Gezei-

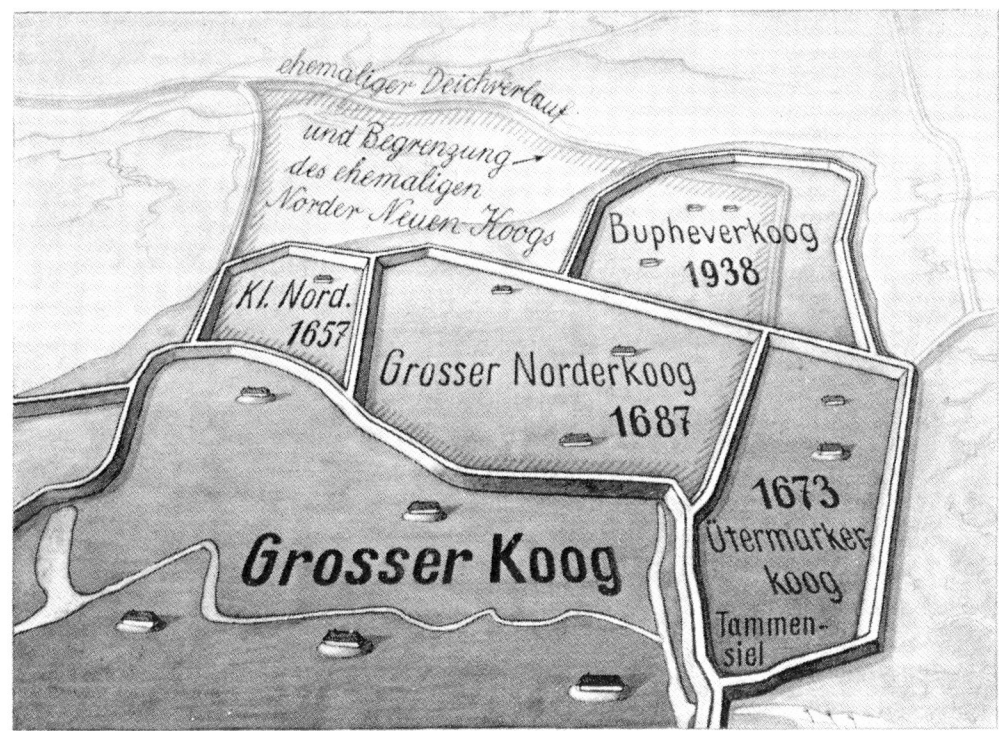

ten gefüllt und entleert werden, so daß sich ein mächtiger und gefährlicher Wattstrom, die heutige Norderhever, bilden konnte (vgl. Karte S. 43).

25 Jahre nach der Nordstrand-Flut von 1634 erscheint außer den bereits genannten Landresten im Norden und Osten eine – die ehemaligen Konturen der bogenförmigen Insel nachzeichnende – Kette von Landstücken. Es handelt sich dabei um ehemalige Vorländereien von Alt-Nordstrand oder aber um derzeitig jung bedeichte Köge, die aufgrund der hohen Auflandung im Uferbereich der Insel bei Eintritt der Flutkatastrophe über dem damaligen MThw lagen. Diese Landreste konnten nach Abklingen der Sturmflut also wieder trockenfallen und wurden nach der Verwüstung der südlich und westlich

gelegenen Gebiete in Halligland verwandelt. Diese auf der Indervelden-Karte sichtbaren Halligen müssen dann bei der weiteren Ausräumung des nördlichen Wattengebiets den Fluten schrittweise zum Opfer gefallen sein, denn auf späteren Karten sind sie – mit Ausnahme der Pohnshallig und der späteren Hamburger Hallig – nur noch teilweise oder gar nicht mehr vorhanden.

In einer Reihe von zeitgenössischen Berichten ist ausdrücklich erwänt, daß auch nach Abklingen der Sturmflutwetterlage mit den normalen Tiden Wasser durch die Deichlücken drang und die Köge von Alt-Nordstrand überflutete. Dies ist ein deutlicher Hinweis darauf, daß diese Flächen schon damals unter dem örtlichen MThw lagen. „Trotzdem bestehen Anzeichen dafür, daß nach

45

Schnitt zur Verdeutlichung der heutigen Schichtenfolge zwischen Hallig Habel und dem Großen Koog auf Pellworm. Ausgehend von einer Deichbruchstelle in der Balumer Bucht, ist seit 1634 das Rummelloch weit in das Gebiet des ehemaligen Kulturlandes vorgedrungen und hat sich mit dem Prielsystem der Norderhever verbunden

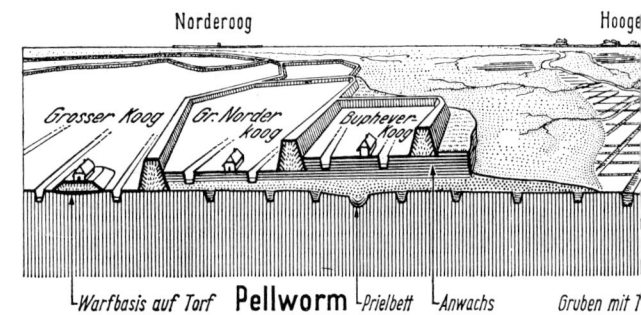

der Katastrophe von 1634 nicht sofort alles Land völlig unbenutzbar wurde, denn aus Nachrichten der unmittelbar folgenden Zeit geht hervor, daß an einzelnen Stellen der überschwemmten Teile Alt-Nordstrands noch Überlebende auf ihren Warften wohnten, die gegenüber ihrem Landesherrn Anspruch auf das unmittelbar an ihre Behausung angrenzende Land erhoben" (Bantelmann 1966, S. 48).

Die Indervelden-Karte mit den herausragenden Warft- und Siedlungsresten läßt erahnen, daß dies ein vergeblicher Kampf gewesen sein muß; das ständig ein- und wieder ausströmende Wasser begünstigte die Zerschneidung und damit die Ausräumung; die rasche Wattbildung muß die restlichen Siedler schon bald zur Aufgabe und zur Abwanderung gezwungen haben. Nur in den erhalten gebliebenen Teilen der Insel, die über dem MThw lagen, kam es in den folgenden Jahren durch Sturmflutsedimentation zur Auflandung.

In einer perspektivischen Skizze wird diese Situation für das nördlich vom heutigen Pellworm gelegene Gebiet anschaulich gezeigt. Im Nordwesten vom Großen Koog fand ein Angriff auf die stets gefährdete Balumer Bucht statt und damit ein weiteres Ausgreifen des Rummellochs in ehemaliges Kulturland. Im Osten erfolgte ein Meeresdurchbruch in den Hensebek-Koog und von dort in den Norder Neuen Koog, so daß eine Verbindung

zwischen Rummelloch und der Norderhever entstanden war. Nach dem entscheidenden Vorstoß dieses Prielsystems durch die Flut von 1362 war das erneute Vordringen ein weiterer wichtiger Schritt, der zur raschen Abtragung der untergegangenen Ländereien führte. Alte Ortsnamen wie Balum, Westerwohldt, Osterwohldt, Buphever, Bupsee und andere verschwanden von der Landkarte. Noch mit Datum vom 5. 1. 1639 liegt ein Brief von Johann Martini „annoch aushaltender Pfarrer" in dem überschwemmten Buphever-Koog vor, in dem dieser den Herzog um Verlegung eines in Husum angesetzten Termins bittet, da er nicht „im trockenen Koege zu Pellworm, sondern im salzen Koege zu Buphever wohne, wo man Tag und Nacht mit großen Schiffen und Booten segeln und fahren muß". Nachdem er sein Boot in einer Flut verloren hat, ist er „als armer gefangener Prediger mit Frau und Kindern vom Salzwasser umgeben" (vgl. Zeichnungen S. 44/45).

Nach der Flut von 1634 wurde zunächst noch an die Wiedergewinnung des ganzen Alt-Nordstrand gedacht – wegen der ständig fortschreitenden Landverluste, der hoffnungslosen Lage der Bewohner und wegen mangelnder großzügiger Hilfeleistung seitens der Landesherrschaft konnte dieser Plan jedoch nicht realisiert werden. Die Beltring-Harde mußte aufgegeben werden. Die Pellwormer begannen im Jahr 1635 mit Hilfe eines hol-

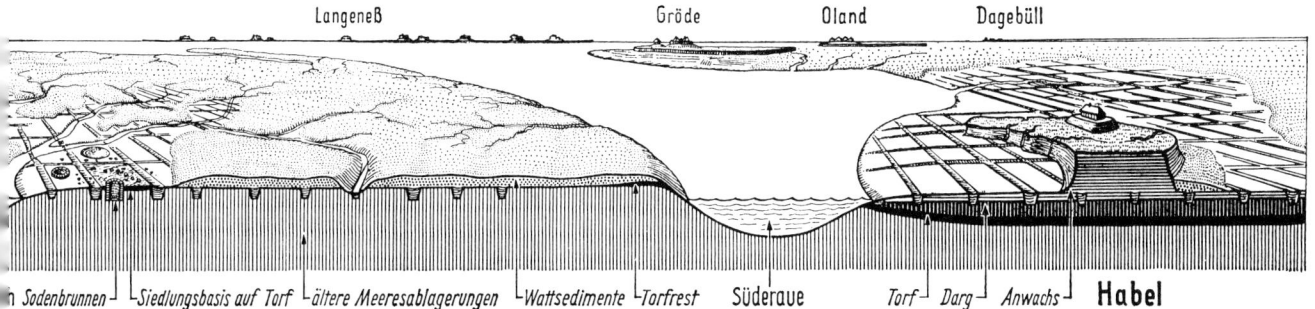

Langeneß   Gröde   Oland   Dagebüll

Sodenbrunnen — Siedlungsbasis auf Torf — ältere Meeresablagerungen — Wattsedimente — Torfrest   Süderaue   Torf — Darg — Anwachs — **Habel**

ländischen Unternehmers mit der Wiederbedeichung. Heimreich schreibt dazu, daß der Holländer Cornelius Jansen Allers „durch besondere Schickung Gottes zur Erhaltung dieses guten Landes über 1100 Demat des inundierten Pellworm von den Landeignern gekauft und zu bedeichen angenommen" hat. Die ersten Maßnahmen galten dem eigentlichen Kern der ehemaligen Pellworm-Harde, dem Großen Koog (mit rund 2000 Demat). Er wurde 1634 zwar auch überschwemmt, blieb aber nach erfolgreicher Schließung der drei Deichbruchstellen im folgenden Sommer erhalten. Bis 1637 konnten dann vier weitere Köge zurückgewonnen werden: der nördliche Teil des Alten Kooges (mit rd. 3000 Demat), der Mittelste Koog (mit etwa 500 Demat), der Kleine Koog und der Wester Neue Koog (zu je 450 Demat). Damit waren bereits drei Jahre nach der Flutkatastrophe zusammen rund 3700 Demat (rd. 1824 ha) wieder zurückgewonnen bzw. dem weiteren Zugriff des Meeres entzogen worden. Es folgte eine Phase, in der sich die Pellwormer darauf beschränkten, ihre weiterhin stark gefährdete Insel in ihrem derzeitigen Bestand zu sichern. Erst ab 1657 liefen die Arbeiten zur Rückgewinnung verlorenen Landes wieder an. Sie fanden ihren vorläufigen Abschluß mit der Eindeichung des Großen Norder Kooges im Jahr 1687, der durch eine fast geradlinige Verbindung zwischem dem Kleinen Norderkoog und dem

Utermarker Koog (ehemals Hensebek Koog) dem Meer abgerungen wurde.

Während es den Pellwormern also gelang, in eigener Initiative ohne nennenswerte herzogliche Unterstützung ihre überfluteten Landflächen jedenfalls teilweise zurückzugewinnen, blieb der übrige Teil von Alt-Nordstrand zwanzig Jahre lang unbedeicht liegen. In dieser Zeit zerriß das Land mehr und mehr, so daß die Wiedergewinnung immer schwieriger oder gar völlig undurchführbar wurde. Zwar fehlte es auch in der Edoms-Harde unmittelbar nach der Katastrophe nicht an Versuchen, die untergegangenen Ländereien wiederzugewinnen – jedoch scheiterten sie zunächst. Hier war bis auf einen Teil der Kirchspiele Gaikebüll und Odenbüll alles vollständig überschwemmt worden. Über die Bemühungen um Rückgewinnung seitens der zurückgebliebenen Inselbewohner schreibt Heimreich: „Die Eingesessenen in Trindermarsch haben A. 1635 mit Bedeichung ihres Kirchspiels und des daran liegenden (Gaikebüller) Neuen Kooges sich sehr bemüht, auch damals annoch die Saat bestellet und die Kornfrüchte glücklich abgeerntet, jedoch ist diese Bedeichung im folgenden Herbste wieder zerschlagen." Auch weitere wieder instandgesetzte Deiche in Horsbüll, Evensbüll, Odenbüll und Gaikebüll seien „wieder verschlagen, und ob man wohl derer Örter nachmals auf ihre großfürstliche Gnaden Anordnung

47

Kulturspuren im ehemaligen Kirchspiel Buphever auf Alt-Nordstrand, zwischen dem heutigen Pellworm und dem Rummelloch – Relikte von Grabensystemen, Wegen, Warften und Deichen des in der Flutkatastrophe von 1634 zerstörten Siedlungslandes

und Unkosten mit Schütten und Dämmen große Unkosten machet, so ist doch, weil alles umsonst gewesen, man endlich dessen auch müde geworden".

Je hoffnungsloser die Lage angesichts weiterer Landzerstörungen in den folgenden Jahren wurde, desto mehr Nordstrander verließen ihre Insel. Daran konnte auch ein herzogliches Verbot vom 13. Juli 1635, „aus dem Lande zu fliehen und die Deicharbeit stecken zu lassen", nichts ändern. Er stellte zwar die Heranziehung neuer

Geldgeber für die Fortführung der Deicharbeiten in Aussicht, doch dauerten seine Bemühungen um holländische Partizipanten noch zwei Jahrzehnte. Eine Wende zeichnete sich erst 1652 ab, als Herzog Friedrich III. mit vier holländischen Unternehmern, darunter Quirinus Indervelden, einen Vertrag zwecks Wiederbedeichung Nordstrands schloß. Allerdings wirkte er sich auf die übriggebliebenen Nordstrander Landbesitzer insofern enttäuschend aus, als sie im darauffolgenden Jahr nach den

Reste unterschiedlich alter Grabensysteme zur Entwässerung der landwirtschaftlichen Nutzflächen aus der Bodenperspektive

Regeln des Spadelandrechtes enteignet und ihre Ländereien den holländischen Partizipanten übertragen wurden.

Nach zweijähriger Bauzeit war in Teilen der ehemaligen Kirchspiele Gaikebüll und Odenbüll im Jahr 1656 der Friedrichskoog mit einer Fläche von 1262 Demat gewonnen. Bald nach diesem ersten Erfolg stellten sich weitere Teilhaber zur Verfügung. Unter der Leitung des Deichgrafen Indervelden wurde der Marien-Elisabeth-Koog (benannt nach der Herzogin) bedeicht. 1663 endlich entstand der Trindermarsch-Koog. Damit waren innerhalb von neun Jahren 3730 Demat (1839 ha) Land wieder dem Meer abgerungen worden. Die Karte aus dem Jahre 1668 (vgl. S. 50) macht diesen Zustand deutlich. Dabei fällt auf, daß sich die neuen Deiche in ihrer Linienführung – mit Ausnahme der südlichen Begrenzung der Trindermarsch – nicht an der alten Deichtrasse orientieren. Dieser Sachverhalt führt uns vor Augen, daß

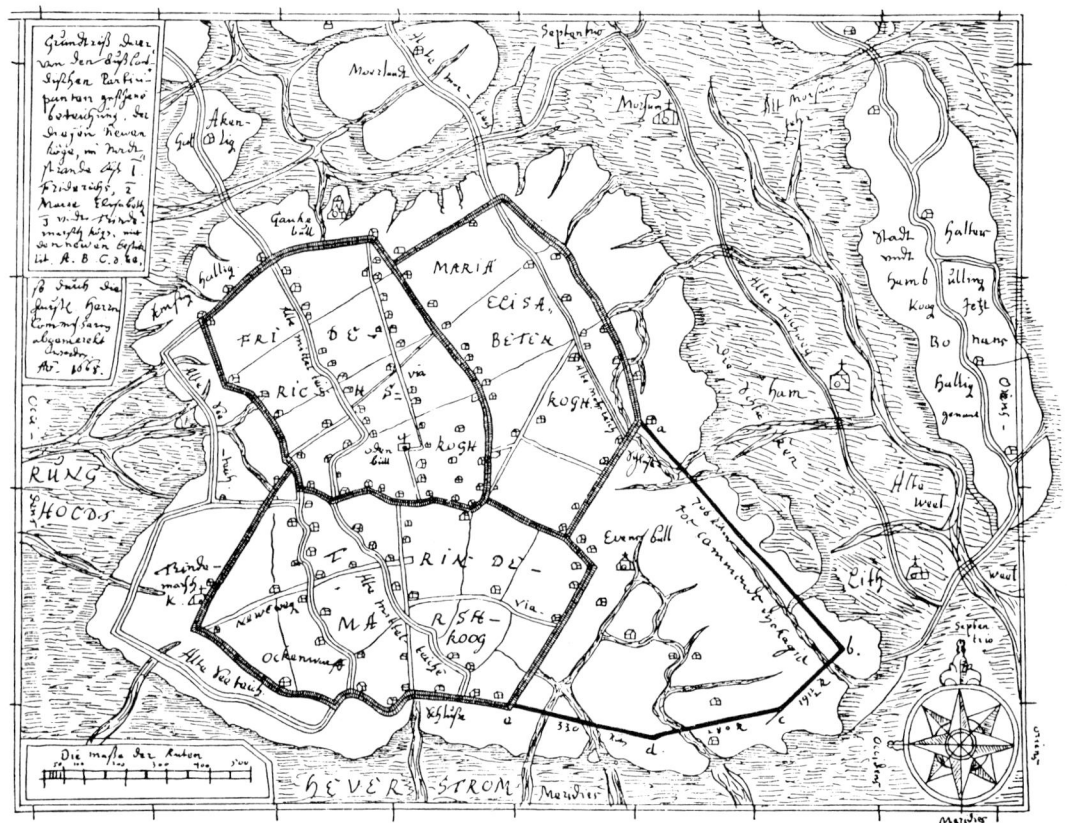

Nordstrand im Jahre 1668 nach den ersten Wiederbedeichungen

die alten Deiche in zwanzig Jahren praktisch vollständig zerstört wurden oder zumindest nur noch aus kläglichen Überresten bestanden haben können. Ein Vergleich mit der neun Jahre früher gezeichneten Karte von Indervelden zeigt einige wesentliche Veränderungen in den Vorländereien: So ist zum Beispiel das ursprünglich zur Bedeichung vorgesehene Gaikebüller Vorland bis 1668 stark zurückgewichen, es wird durch einige bereits bis an die Deichlinie heranreichende Priele zerteilt. Die

künftige Bedeichung (1691) ist im Südosten der Insel mit einer dünneren Linienführung markiert; sie umfaßt einen Teil des früheren Kirchspiels Evensbüll, das von verästelten Prielen durchzogen ist. Die eingetragenen Häuser deuten darauf hin, daß es noch 1668 als Halligland genutzt und bewohnt wurde.

Aufschlußreich ist auch der östliche Teil der Kartenskizze, der im Hinblick auf die künftige Ausdehnung Nordstrands von Bedeutung ist. An das Vorland schließt sich eine breite, von einem Längs- und drei Querprielen durchzogene Wattfläche an, in der die untergegangenen Kirchspiele Morsum, Ham und Lieth eingezeichnet sind. Weiter östlich folgt die langgestreckte Pohnshallig (heute Pohnshallig-Koog, der 1925 angedeicht wurde), die sich auf den früheren Seedeich Alt-Nordstrands stützt. Mit auslaufendem 17. Jahrhundert waren die Bemühungen um Rückgewinnung verlorener Ländereien der Edoms-Harde zunächst abgeschlossen und damit der Kern des heutigen Nordstrand entstanden. Allerdings büßten die alten Nordstrander ihre Freiheit damit ein, sie wurden Landarbeiter oder Pächter der neuen Herren. Auf einer Indervelden-Karte ist die Benennung „Land der Brabander" für die neuen Besitzverhältnisse sehr bezeichnend.

Einen Vorteil hatte die – im Vergleich zu Pellworm – zeitlich stark verzögerte Rückgewinnung der Nordstrander Köge allerdings: Infolge der durch die Deichbruchstellen ein- und auspendelnden Tiden war mehr als 20 Jahre lang Sedimentation möglich, so daß die rückgewonnenen Ländereien auf Nordstrand höher aufgelandet waren. Daher erklärt sich der heute noch sichtbare Höhenunterschied beider Marscheninseln. Es gibt heute noch zwei unbedeichte Überreste von Alt-Nordstrand: das Wüste Moor, die heutige Hallig Nordstrandischmoor, sowie den Amsing-Koog, die heute landfest gewordene Hamburger Hallig. Im Nordteil von Alt-Nordstrand gelegen war das Wüste Moor inmitten fruchtbarer Marschen eigentlich Unland, es diente allenfalls noch zur Torfgewinnung. Allerdings war dieses Hochmoor – wie schon bei vorangegangenen Fluten – für eine Reihe von Nordstrandern bei der Flutkatastrophe am 11. Oktober 1634 zur Rettungsinsel geworden, auf die sie sich vor den steigenden Fluten noch gerade rechtzeitig flüchten konnten. Bei früheren Sturmfluten hatten die Flüchtlinge die Ebbe abwarten und dann in ihre Ländereien zurückkehren können. Dieses Mal blieben die ringsum liegenden Köge „blank", und einige Fa-

Reste eines aus Rasensoden gebauten Brunnens bei dem 1634 untergegangenen Gaikebüll auf Alt-Nordstrand im Watt vor Nordstrand/Halligblick. Erich Wohlenberg beim Vermessen

milien beschlossen, auf diesem Moor zu siedeln. So wurden – notgedrungen – innerhalb kürzester Zeit aus Akkerbauern Moorkolonisten und schließlich Halligbauern.

Auf der Indervelden-Karte von 1659 fallen die zahlreichen Inseln und Halligen auf, die den ehemaligen Umriß von Alt-Nordstrand säumten. Während fast alle einem ständig fortschreitenden Uferabbruch zum Opfer fielen, konnten zwei von ihnen erhalten werden: die heutige

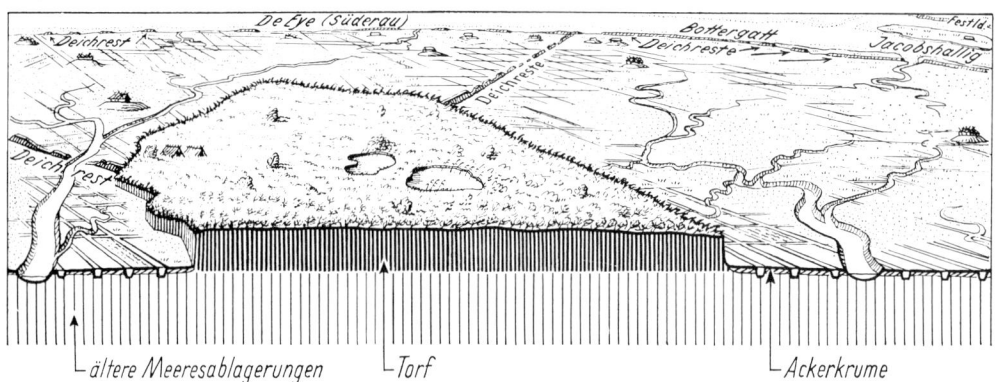

Entstehung und Entwick-
lung der Hallig Nord-
strandischmoor von 1634
bis zur Gegenwart

ältere Meeresablagerungen — Torf — Ackerkrume

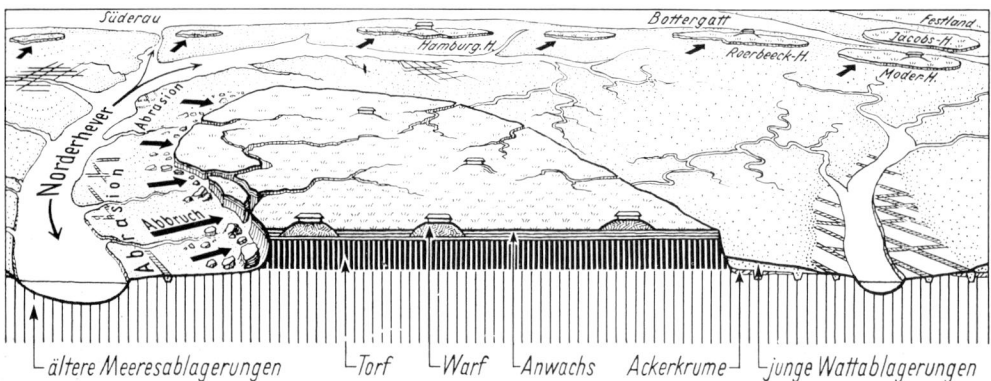

ältere Meeresablagerungen — Torf — Warf — Anwachs — Ackerkrume — junge Wattablagerungen

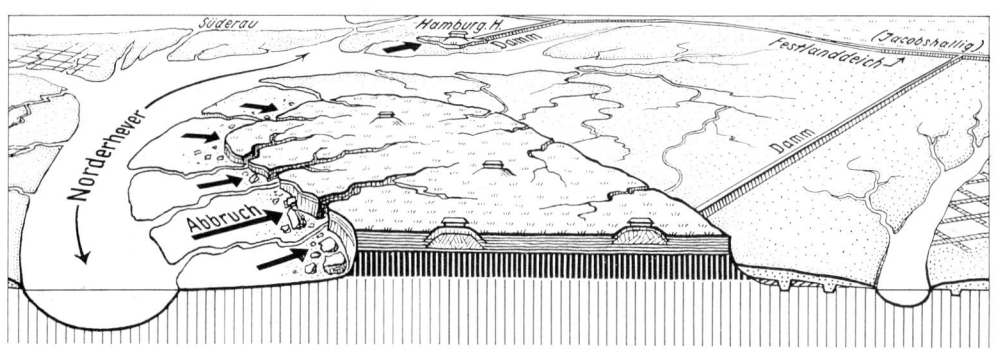

Warfenerhöhung

Luftaufnahme der heuti-
gen Hallig Nordstran-
dischmoor, im Hinter-
grund Nordstrand und die
Festlandküste

52

Hamburger Hallig und die im Jahr 1923 an Nordstrand angedeichte, bereits erwähnte Pohnshallig. Das „Hamburger Landt" lag nördlich vom „Mohr" – es handelte sich um den Amsing-Koog, der als derzeit jung bedeichter Koog mit besonders hoher Auflandung unter der Flutkatastrophe von 1634 relativ wenig gelitten zu haben scheint. Jedenfalls blieb der Besitzer, nach dem der Koog benannt war, danach in seinem Haus wohnen und beteiligte sich an den Wiederbedeichungsversuchen der unmittelbar benachbarten Köge. Aus einem Brief an den Herzog geht hervor, daß die Deiche des Koogs noch 1638 in gutem Zustand gehalten wurden, die westlich angrenzenden Landflächen allerdings schon weitgehend in Watt verwandelt waren. Seine ungeschützte Lage muß dem Amsing-Koog dann bald auch zum Verhängnis geworden sein, denn 1655 wird der Besitz aufgegeben, und A. Amsing starb 1658. Spätestens zu diesem Zeitpunkt setzte die endgültige Zerstörung der Deiche ein. Den Koog ereilte aufgrund der hochliegenden Oberfläche nicht das Schicksal der umliegenden Ländereien, sondern er wurde zu einer Hallig. Diese spätere, nach der Herkunft ihres ehemaligen Besitzers benannte Hamburger Hallig nahm sodann den Weg aller Halligen, durch ständigen Uferabbruch wurde sie erheblich verkleinert, durch häufige Überflutungen paßte sie sich in ihrer Höhenlage mit der dafür typischen Sturmflutsedimentation dem Anstieg des Meeresspiegels an. Nicht zuletzt aufgrund der seit 1634 verbesserten Verlandungsbedingungen in der küstennahen nordfriesischen Bucht wurde der ständige Abbruch an der Westseite der Hallig an ihrer Ostseite wieder ausgeglichen, so daß sie langsam ostwärts wanderte und heute unmittelbar der Küste vorgelagert ist. Das Vordringen der Norderhever am westlichen Ufer der Hamburger Hallig vorbei förderte die fortgesetzte Zerschneidung des ehemaligen Kulturlandes und die Verbindung mit der Süderaue, so daß sich hier nun eine Ringströmung um die neue Pellwormer Plate herum bilden und verstärken konnte.

Die vollständige Überschwemmung der Insel Alt-Nordstrand bedeutet, daß hier mehr als 22 000 Hektar fruchtbaren Marschbodens von Salzwasser beeinträchtigt und kaum noch nutzbar waren. Der größere Teil der Inselfläche wurde in eine Wattlandschaft verwandelt; in langwierigen Bemühungen ist es etlichen Generationen in kleinen Schritten gelungen, bis heute rund 9000 ha wieder zu bedeichen, so daß ein Landverlust von reichlich 13 000 ha allein im Bereich von Alt-Nordstrand hingenommen werden mußte (vgl. die kartographische Darstellung auf dem hinteren Vorsatzblatt).

Wie die oben wiedergegebenen Zahlen der Flutopfer verdeutlichen, war die Flut von 1634 auch für die Halligwelt und deren Einwohner ein gravierendes Ereignis. Indes sind keine exakten Anhaltspunkte dafür überliefert, welche Landverluste eingetreten sind. Zwar gibt es im Umfeld der Halligen genügend Hinweise auf untergegangene Halligen bzw. auf ehemals sehr viel größere Halligflächen – doch sind diese Veränderungen in der Regel nicht das Ergebnis einer einzigen Flutkatastrophe, sondern eine Folge von Sturmfluten ist für den ständigen Prozeß von Abbruch und Auflandung bzw. Anwachs verantwortlich. Dennoch sind Katastrophenfluten oftmals entscheidend für die weitere Entwicklung, da sie Prielen zum Durchbruch und damit zur Ausräumung des die Halligen umgebenden und sichernden Wattensockels verhelfen.

Als Beispiel für Landverluste und deren Konsequenzen sei im folgenden Hallig Hooge angeführt, worüber die drei ältesten Halligleute „die Wirkungen der Wasserfluten" von etwa 1593 bis 1653 schildern. Danach sind allein in diesem Zeitraum sieben Warftanlagen untergegangen, von denen man 1653 draußen im Watt kaum einige „Monumente und Merkzeichen" aufspüren konnte. So lag etwa die ehemalige Andres Magnusens Warft „bei dem Schludt" in der Nähe der Fähre nach Pellworm. Nachdem diese weggespült war, errichtete der Geschädigte eine neue Warft an der Binnengrenze

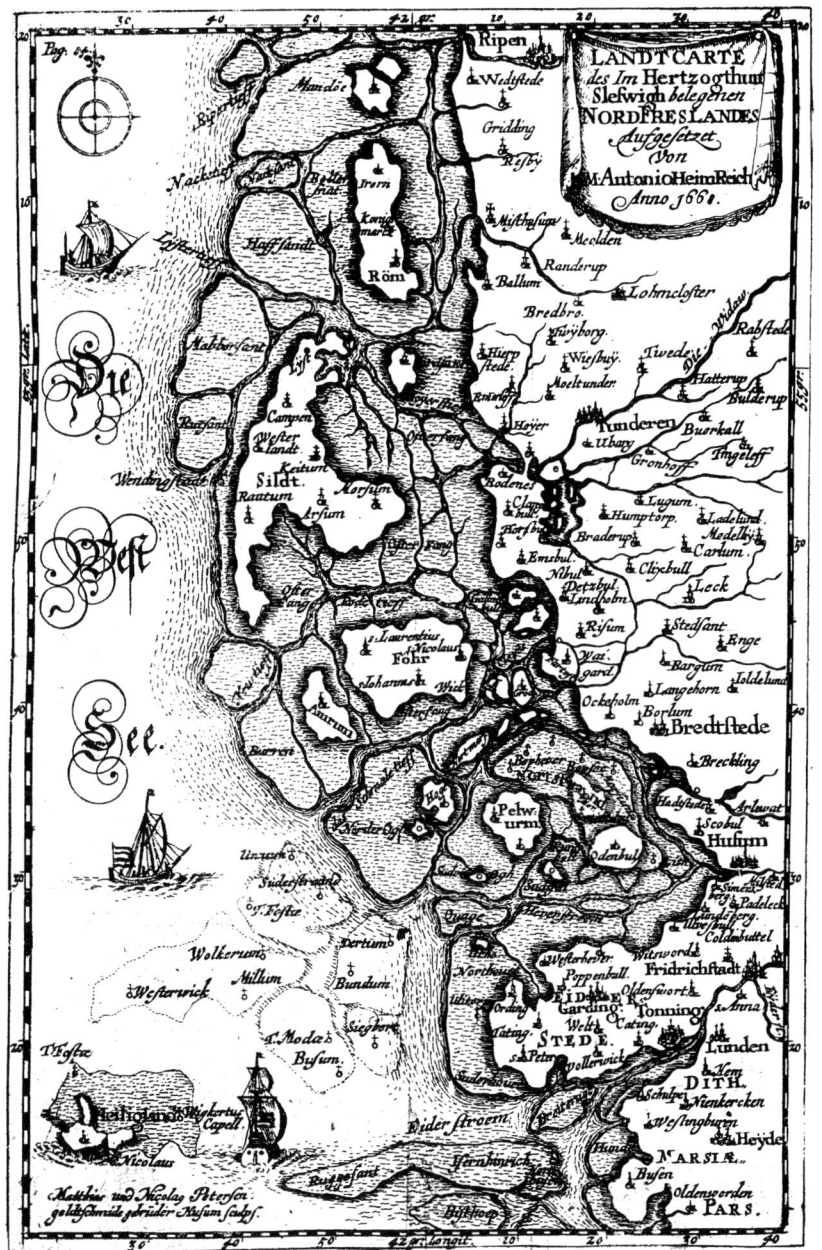

Erste Darstellung der veränderten topographischen Verhältnisse in der nordfriesischen Bucht von Anton Heimreich (1668)

seines Landes, „welches früher Raum für sechs Kühe und zwanzig Schafe geboten hatte, doch blieb von Warf und Land nicht ein Fuß breit übrig, als neue Fluten darüber einbrachen. . . . Die Westerwarf war vor Zeiten die beste und vornehmste Warf auf dem ganzen Lande. Jetzt liegt die Merkstede, die kaum mehr aufzuspüren ist, 30 Ruten vom Lande. 1634 war die Warf noch bewohnt, in der großen Flut ertranken die Bewohner mit vielen anderen". Sodann beklagen die Ältesten den großen unwiederbringlichen Schaden, den Hooge zu ihren Lebzeiten erlitten hat, „welches nunmehr rund umher von Südosten bis an Nordosten im Abbruch liegt und sich nirgendwo um das Geringste verbessert".

Wenn die Halligen in der Sturmflut von 1634 auch empfindlich getroffen wurden, so blieben sie doch zum Teil erhalten; wären sie seinerzeit als tief liegendes Marsch-land bedeicht gewesen, so hätte sie wohl das gleiche Schicksal ereilt wie die Beltring-Harde und weite Teile des übrigen Alt-Nordstrand. „Es wird in diesem Zusammenhang wiederum deutlich, daß letzten Endes die umfassende Bedeichung und die in ihrem Schutz möglichen Kulturmaßnahmen schon bei der Katastrophe von 1362 die Ursache des plötzlichen Unterganges großer Teile des Alten Strandes waren. Im Gebiete der heutigen nördlichen Halligen gab es dagegen keine umfassende Bedeichung, sie blieben damals ebenso erhalten, wie nachweislich die unbedeichten bzw. jungbedeichten Randbezirke der Insel Alt-Nordstrand nach der Katastrophe des Jahres 1634. Da hier die Oberfläche des genutzten Landes wegen des fortlaufenden Höhenwachstums infolge Sturmflutsedimentation, trotz der Setzungserscheinungen in Torf- und Dargschichten und trotz der steigenden Tidehochwasserstände, stets über dem MThw lag, beschränkten sich die Zerstörungsvorgänge – abgesehen von den Eingriffen des Menschen beim Salztorfabbau – im wesentlichen auf die ständige Verkleinerung der Flächen durch Uferabbruch" (Bantelmann 1966, S. 89).

Lundenberg-Harde

Im Vergleich zu Alt-Nordstrand ist die aus den Teilen Utholm, Everschop und Eiderstedt bestehende Landschaft Eiderstedt trotz zahlreicher Deichbrüche und Wehlenbildungen verhältnismäßig gering betroffen worden. Jedenfalls traten nennenswerte Landverluste auf Dauer nicht ein. Anders war es jedoch in der nordöstlich angrenzenden Lundenberg-Harde, die seit ihrer Abtrennung vom „Alten Strand" und der späteren Andeichung an das Festland stets durch den Heverstrom bedrängt worden war und 1634 dann umfangreiche Verwüstungen hinnehmen mußte. Zwar war in ihren drei Kirchspielen die Zahl der Flutopfer mit 100 relativ gering, jedoch erreichten die Deichschäden einen derartigen Umfang, daß von vornherein mit erheblichen unwiederbringlichen Landverlusten gerechnet werden mußte. Bis zur teilweisen Wiedergewinnung vergingen noch einige Jahre, in der Zwischenzeit vergrößerten sich die Schäden in diesem Gebiet, das ohne Deichschutz als Halligland weiter genutzt wurde. Diesen Zustand zeigt eine recht anschauliche Handzeichnung von Johannes Mejer aus dem Jahre 1637, in der die Einbrüche deutlich sichtbar sind.

Die größte von Westen her eingebrochene Wehle zwischen Simonsberg und Lundenberg ist der Eintragung zufolge 28 Fuß (8,4 m) tief. Sie reicht durch den „Sandteich" weit in den Padelecker Alten Koog hinein. Damit hatte also auch dieser 1625 errichtete Mitteldeich die an ihn geknüpften Erwartungen nicht erfüllen können. In den südlichen Teil des Seedeichs sind sieben Durchbrüche eingetragen, einer davon setzt sich in den südlich gelegenen Adolphs-Koog fort, an der Stelle ist auch eine Wehle angegeben. Über ihre Schließung entstand ein langwieriger Streit, bei dem es um die Beteiligung benachbarter Kirchspiele ging. Als man 1636 nach einem mißglückten Versuch endlich wieder an die Arbeit ging, war die Wehle schon 24 Fuß (7,2 m) tief und 30 Ruthen (143 m) breit. Bei dieser schwierigen Aufgabe waren sieben Kirchspiele zur Mithilfe verpflichtet worden. Auf jeden Pflug (Landmaß) entfielen sieben Tage Erdanfuhr mit Wagen, eine Tagesarbeit am Kajedeich sowie die Lieferung von einem Fuder Busch. Die Wehle wurde außendeichs abgedämmt. Sie ist noch in dem heutigen Seedeich des Adolphs-Koogs erhalten geblieben.

Die Lundenbergharder verfaßten Bittschriften, in denen sie um Unterstützung bei den Sicherungsarbeiten nachsuchten. Sie begründeten ihre Eingaben damit, daß „ihre Gegend gleichsam eine Vormauer für Eiderstedt" sei. Nachdem die sieben Eiderstedter Kirchspiele und die Bewohner der Südermarsch durch herzogliches Mandat zur Mithilfe verpflichtet waren, ging man an die Planung des Bedeichungs-Projekts. Allein für die Schließung der großen Simonsberger Wehle stellte eine Kommission folgenden Materialbedarf fest: „800 Fuder Strauch, 4000 große Buchenpfähle von rund 12 m Länge, 1000 kleine Föhren oder Erlenpfähle von 7,5 und 9 m Länge, 1000 Ellern Pfale zu Waltzen von 12 m Länge, 20 000 Latten, 2000 Fuder Kurzstroh oder Heide, 150 000 Schof Langstroh, 30 000 Bund Strohseile und 100 Telt (je 12 Stück) Bretter für die Wehle."

1638 wurde dann endlich mit den Arbeiten begonnen. Westlich des inzwischen völlig zerstörten alten Mitteldeiches („Sandteich") entstand auf zurückgenommener Linie ein neuer Seedeich, die Kirchen von Lundenberg und Simonsberg wurden damit ausgedeicht. Trotz der schrittweisen Einengung durch Kajedeiche und durch Versenken eines Erdschiffes mißlang die Schließung der Wehle. Nach vielen Schwierigkeiten konnte sie dann endlich im Jahre 1642 geschlossen werden. Ein weiterge-

57

hender Bedeichungsplan bestand 1642 darin, über das Simonsberger Vorland eine Deichverbindung bis an die Schobüller Geest zu schaffen und dabei die Husumer Aue durch eine Schleuse abzuriegeln. Dieses Projekt scheiterte jedoch am Einspruch der Husumer, die Nachteile für ihren Hafen befürchteten. Übrigens war der neue Seedeich, wo er über Schlickwatt führte, trotz der schlechten Erfahrungen mit dem Stackdeich, wiederum mit einem Bohlwerk gesichert worden. Die mit vielen Mühen und unermeßlichem materiellen Aufwand zurückgewonnenen Flächen der restlichen Lundenberg-Harde gingen dann nach der Weihnachtsflut von 1717, die nahezu die Höhe der Katastrophenflut von 1634 erreichte, endgültig verloren (vgl. Nebenkarte Vorsatz hinten).

Nach der Beseitigung der schweren Sturmflutschäden von 1634 folgte eine Zeitspanne, in der keine bedeutenden Fortschritte im Deich- und Sielwesen der Landschaft Eiderstedt erzielt wurden. Erst gegen Ende des 17. Jahrhunderts nahm man die Neubedeichung von Vorländern auf und zwar aufgrund besonderer vom Landesherrn vergebener Oktrois. In anderen Teilen Nordfrieslands erfolgte die Verleihung derartiger Oktrois schon einige Jahrzehnte früher, so zum Beispiel für das Bottschlotter Werk.

Dagebüller Bucht

Auf der Darstellung der Dagebüller Bucht um 1634 sind die wichtigsten durch die Katastrophenflut verursachten Deichbrüche eingetragen (vgl. Skizzen S. 59). Sie verdeutlichen, daß damit die Durchführung des Bottschlotter Werks empfindlich gestört wurde, zumal das Meer bis an den Geestrand vordringen konnte. Besonders hart wurde das exponierte Ockholm (O.) getroffen. Durch hereinströmende Wassermassen ging auch die Kirche verloren. Der Koog mußte nach fast vollständiger Zerreißung seiner Deiche vorübergehend sogar aufgegeben

werden und auf Jahre ohne Deichschutz bleiben. In dieser kritischen Lage erwiesen sich die hochwassersicheren Warften der ehemaligen Hallig als wichtige Stützpunkte, ohne die der Fortbestand des Kooges in Frage gestellt gewesen wäre. Allerdings mußte bei seiner späteren Wiedergewinnung eine Rückverlegung der Deichlinie und damit ein Landverlust von 267 Demat in Kauf genommen werden. Der Deich zwischen Waygard (W.) und Risum hatte zwar durch die ein Jahr zuvor gelungene Abdämmung des Bottschlotter Tiefs einen teilweisen Schutz erhalten, dennoch wirkte sich die Sturmflut von 1634 – nicht zuletzt aufgrund der geringen Standsicherheit des auf Schlickwatt errichteten Deiches und seines unzulänglichen Querschnitts – verheerend aus, er wurde auf langen Strecken sogar völlig weggerissen. Diese Verwüstungen führten dazu, daß auch die in zweiter Linie liegenden Mitteldeiche brachen und die benachbarten Köge sämtlich überschwemmt wurden. Nach langen Planungen entschied man sich unter Beteiligung der angrenzenden königlichen und herzoglichen Köge für eine völlig neue Deichlinie von Maasbüll (Risummoor) nach Fahretoft (F.) bis an den 1633 fertiggestellten Mariendeich. Die Arbeiten begannen schon im März 1637. Für die Durchdämmung des Ringtiefs stellte der König 4000 Fuder Strauch und der Herzog weitere 1000 Fuder Strauch kostenlos zur Verfügung. Besonders schwierig war die Beschaffung der großen Mengen an Deicherde. Da die neue Deichlinie über Wattenflächen lief, wurde die Erde von der naheliegenden Hallig Utland mit Schiffen herantransportiert und in einem sehr mühsamen Verfahren „mit Wannen und Röhren kümmerlich an den Teich gebracht". Nach einigen Rückschlägen infolge von Sturmfluteinbrüchen konnte der neue „Moordeich" – wegen seiner Trassierung über das Watt wiederum als Stackdeich ausgeführt – nach fünfjähriger Bauzeit 1641 abgeschlossen werden. Einen großen Teil des neuen Koogs (I) bildeten Wasserflächen, die erst mit der Schaffung des Bongsieler Kanals um die Mitte des

19. Jahrhunderts und mit Hilfe von Randdeichen auf die Größe des heutigen Bottschlotter Sees verkleinert werden konnten. Im Hinblick auf den landesherrlichen Anteil an den Koogflächen wurde er später „Maasbüller Herrenkoog" genannt.

Es spricht für die fachkundige Arbeit der holländischen Deichbauer, daß der Damm durch das Bottschlotter Tief sowie der Mariendeich dem Angriff der Fluten standhielten. Allerdings wurde die seit April 1634 im Bau befindliche Durchdämmung des Kleiseer-Tiefs, deren Bauleitung in den Händen von Jan Leeghwater lag, völlig zerstört. Die vorangegangene Schließung des Bottschlotter-Tiefs wird wohl eine verstärkte Strömung zur Folge gehabt haben, so daß die Oktoberflut eine erhebliche Ausräumung bewirkte. Der Versuch, das Kleiseer-Tief dennoch zu bezwingen, gelang nicht – die Holländer gaben 1647 auf. Damit zerfiel auch zugleich der ehrgeizige Plan, die Dagebüller Bucht mit einem Schlage zu durchdämmen. Aufgrund ihrer damals noch mangelnden Deichreife ist dies wahrscheinlich als ein glücklicher Umstand zu bezeichnen, zumal ähnliche Entwässerungsschwierigkeiten zu erwarten gewesen wären wie in dem nordöstlich gelegenen für die damaligen Verhältnisse zu früh eingedeichten Gotteskoog.

Die Voraussetzungen für weitere Landgewinnungsprojekte in diesem Raum verbesserten sich aufgrund natürlicher Auflandung schon in den ersten Jahren nach der Oktoberflut von 1634 erheblich. In der Dagebüller Bucht „machte sich, wahrscheinlich mitbedingt durch den Prozeß der Zerstörung von Alt-Nordstrand im Südwesten und die dadurch verursachten Veränderungen im Sedimenthaushalt einerseits und die schützende Wirkung des Bottschlotter Werkes andererseits eine deutliche Verstärkung der Neulandbildung bemerkbar". Indes „unterlagen die exponierten Luv-Seiten der vorgelagerten Marschinseln Galmsbüll (G.) und Dagebüll (D.) sowie die der inzwischen landfest gewordenen ehemaligen Inseln Ockholm und Fahretoft gleich den übrigen

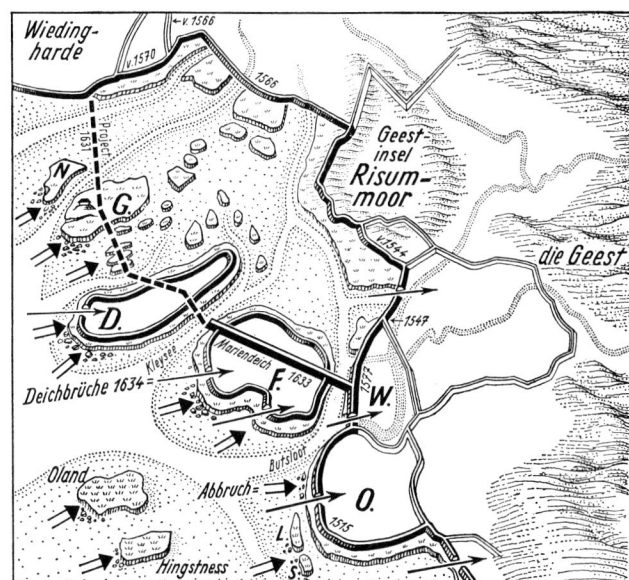

Veränderungen im Bereich der Dagebüller Bucht, oben: um 1634, unten: Beginn 18. Jahrhundert

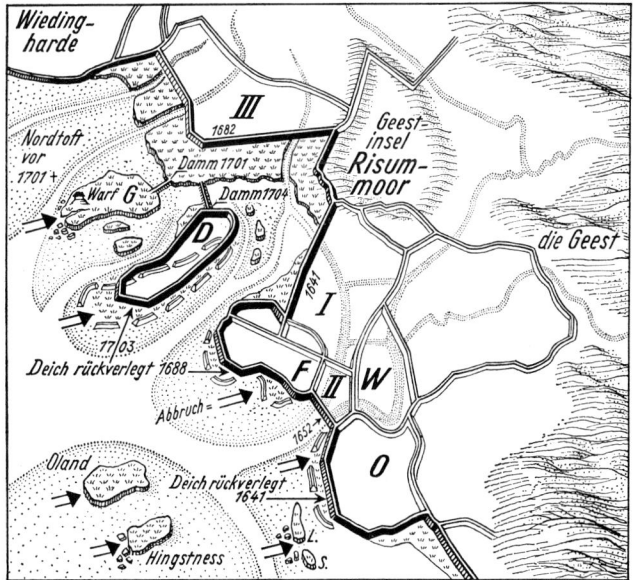

Halligen des nordfriesischen Wattenmeeres einem anhaltenden Landverlust durch Uferabbruch" (Bantelmann 1966, S. 91).

Das ehemalige Bottschlotter Werk wurde nunmehr in kleinen Schritten ausgeführt. Schon 1652 war der Blomenkoog (II) gewonnen, 1682 dann der Alte Christian-Albrechts-Koog (III). Die Hallig Galmsbüll und die Insel Dagebüll wurden Anfang des 18. Jahrhunderts durch Dämme mit den Vorländereien des Alten Christian-Albrechts-Kooges verbunden, so daß weiterer Anwachs begünstigt wurde. Aufgrund der zunehmenden Verkleinerung der Wattflächen verlor das Kleiseer-Tief seine ursprüngliche Gefährlichkeit – es konnte im Jahr 1727 endlich bezwungen werden.

Die Darstellung des Sturmflutgeschehens von 1634 und der daraus erwachsenen Konsequenzen für die exemplarisch ausgewählten Räume Alt-Nordstrand, Lundenberg-Harde und Dagebüller Bucht hat die Bedeutung von Sturmflutwetterlagen auf die Landschaftsgestaltung des nordfriesischen Küstensaumes sichtbar werden lassen. Als Folge der umfangreichen Landzerstörung durch die große Nordstrand-Flut von 1634 stieg der Sinkstoffgehalt des Wassers und damit der Landanwachs im küstennahen Bereich. So besteht kein Zweifel, daß für größere Landgewinnungsprojekte, insbesondere in den Jahrzehnten nach großen Flutkatastrophen, jeweils die günstigsten Voraussetzungen bestanden. „Ohne Sturmflut keine neuen Köge" (Wohlenberg, 1954).

Ausblick: Landerhaltung durch Küstensicherung

Bis zur Mitte dieses Jahrhunderts waren unsere Vorfahren darum bemüht, wenigstens einen Teil der Landflächen zurückzugewinnen, die das Meer an anderer Stelle entrissen hatte. Trotz großer Erfolge gab es dabei immer wieder entmutigende Rückschläge, aus denen die Deichbauer jedoch immer wieder neue Lehren zogen. Das Ergebnis war schließlich noch mehr Sicherheit hinter immer ausgereifteren Küstenschutzbauwerken. Wer um die Mitte unseres Jahrhunderts jedoch glaubte, die Katastrophenfluten vergangener Jahrhunderte könnten sich gar nicht wiederholen, der mußte sich in bitterer Weise belehren lassen, als am 1. Februar 1953 eine verheerende Sturmflut die Deiche in Holland und Belgien zerschlug und mehrere tausend Menschen verschlang. Die schleswig-holsteinische Küste blieb zwar verschont, doch wurde diese Flut als eindringliche Warnung dafür verstanden, daß das Bemühen um noch wirksameren Küstenschutz als eine dauernde Aufgabe der Gesellschaft zu betrachten ist. Die Hollandflut 1953 gab den Anlaß,

sämtliche Deiche an der schleswig-holsteinischen Nordseeküste zu überprüfen und „maßgebende Sturmflutwasserstände" als Bemessungswerte für ein neues Deichbestick der einzelnen Deichabschnitte zu ermitteln (Hundt 1955, Petersen 1955). Mit den Arbeiten zur Verbesserung des Deichsystems wurde sofort begonnen, an den schwächsten Stellen zuerst. In die Deichverstärkungsarbeiten schlug dann die große Flut vom 16./17. Februar 1962; sie verursachte zwar umfangreiche Schäden an den Küsten Schleswig-Holsteins, jedoch blieb unser Land von Menschenverlusten verschont. Indes war in Hamburg eine große Zahl von Toten zu beklagen. Die Katastrophenflut bestätigte einerseits die Dringlichkeit der Sicherungs- und Neubaumaßnahmen und andererseits die Richtigkeit der neuen Bemessungsgrundlagen. 1963 wurde ein „Generalplan Deichverstärkung, Deichverkürzung und Küstenschutz" aufgestellt und durch die schleswig-holsteinische Landesregierung verabschiedet (Suhr 1964). In den Sturmfluten 1976, 1981

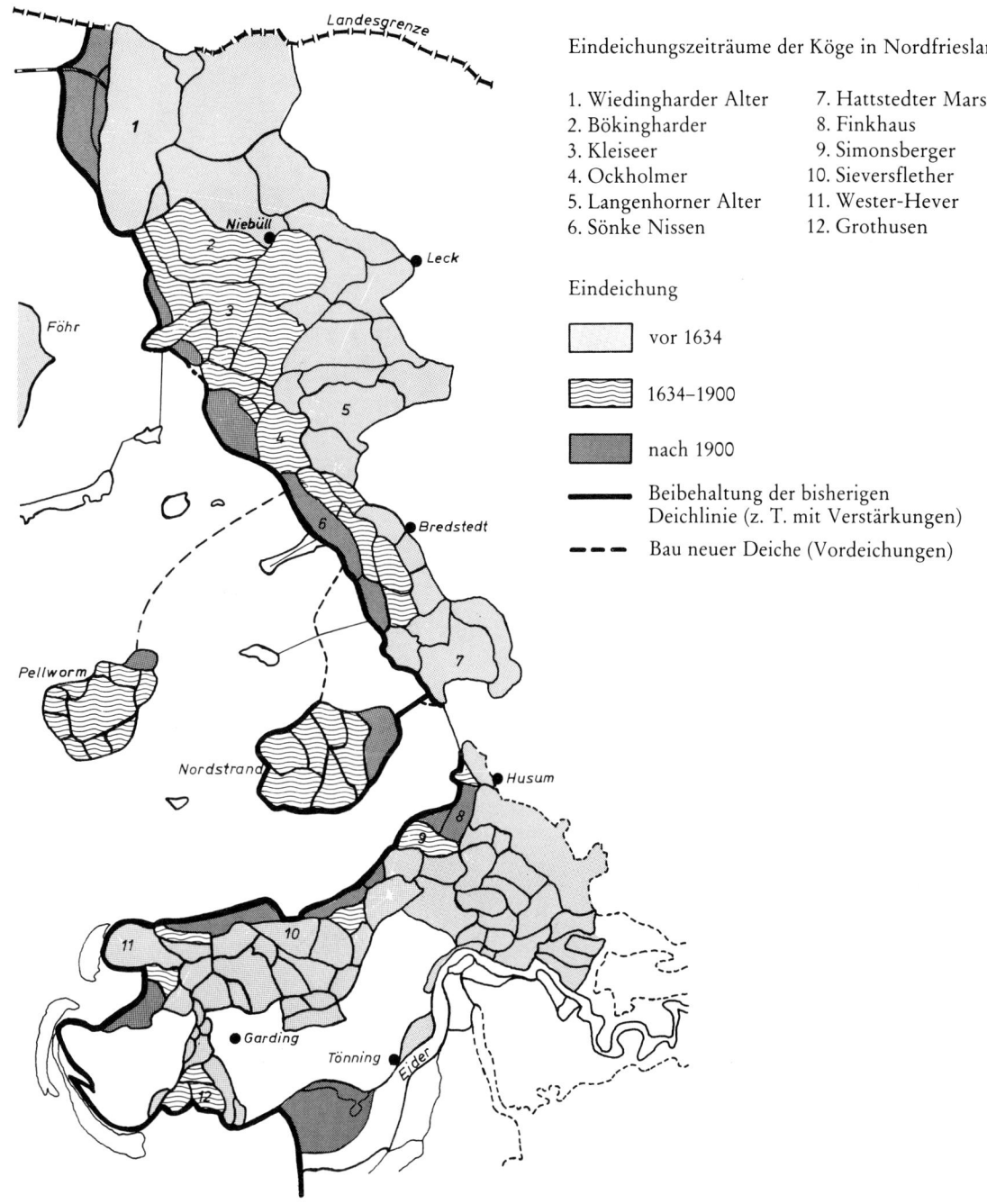

Eindeichungszeiträume der Köge in Nordfriesland

1. Wiedingharder Alter
2. Bökingharder
3. Kleiseer
4. Ockholmer
5. Langenhorner Alter
6. Sönke Nissen
7. Hattstedter Marsch
8. Finkhaus
9. Simonsberger
10. Sieversflether
11. Wester-Hever
12. Grothusen

Eindeichung

vor 1634

1634–1900

nach 1900

Beibehaltung der bisherigen Deichlinie (z. T. mit Verstärkungen)

Bau neuer Deiche (Vordeichungen)

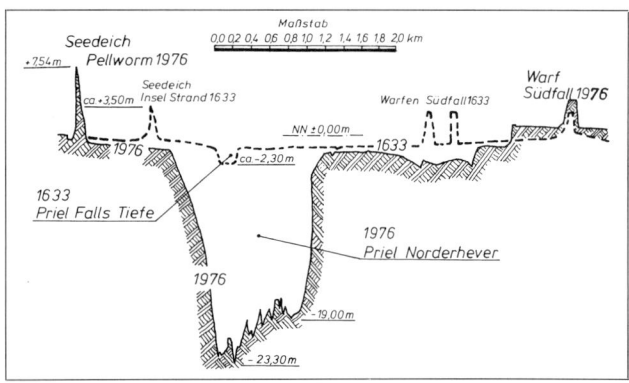

Entwicklung der Norderhever zwischen Pellworm und Südfall, Querprofile 1633 und 1976

und 1983 haben sich die erneuerten Küstenschutzbauwerke bewährt. Der Generalplan wird in einigen Jahren verwirklicht sein – von weiteren Deichverstärkungen einmal abgesehen –, wenn die Arbeiten für die Abdeichung der Nordstrander Bucht und für den Sicherungsdamm Festland–Pellworm zur Begrenzung und Bändigung der Norderhever beendet sind (Scherenberg 1978). Die letzten Sturmfluten zeigten aber auch, wie bitter notwendig die Sicherungsmaßnahmen auf Inseln, Halligen und an der Festlandsküste waren und sind. Denken wir an das vergleichsweise häufige Auftreten schwerer Sturmfluten in den vergangenen Jahrzehnten und an die immer höheren Wasserstände, so ist auch künftig höchste Aufmerksamkeit geboten.

Mit Sorge beobachten Fachleute die Rinnenbildung im nordfriesischen Wattenmeer, die sich von Jahr zu Jahr verstärkt und damit die Ausräumung beschleunigt. Angesichts der großen Bedeutung der Watten für den flächenhaften Küstenschutz ist dies ein höchst gefährlicher Vorgang.

Wie uns diese Darstellung zeigte, war die heutige Norderhever noch zu Beginn des 17. Jahrhunderts ein harmloser Priel. Nachdem er als Folge der Sturmfluten des 14. Jahrhunderts in die Rungholt-Bucht eindringen konnte, gelang ihm 1634 der endgültige Ein- und Durchbruch. Heute hat sich die Norderhever bis zur Süderaue hin vorgearbeitet und ist damit für die den Wattsockel stabilisierenden Inseln und Halligen gefährlicher denn je, zumal sich die Querschnittsdimensionen seines Hauptbettes ungewöhnlich stark vergrößert haben. Wasserbaufachleute haben durch wissenschaftliche Untersuchungen nachgewiesen, daß der noch zu bauende Sicherungs-[x] damm nach Pellworm dieser ständig fortschreitenden Entwicklung Einhalt gebieten und darüber hinaus zu neuem Anwachs führen wird. Stabile Wattenflächen und Vorländereien sind der beste Schutz für die Seedeiche, da sie die Wellenkraft dämpfen und die Strömung schwächen. Vergangene Flutkatastrophen mit den durch sie herbeigeführten Schäden und unzähligen Todesopfern legitimieren die von Wasserbaufachleuten als notwendig erachteten Maßnahmen, die dem Sicherheitsbedürfnis der hinter den Deichen wohnenden Menschen entgegenkommen. Die verheerende Sturmflut vom 11. Oktober 1634 sollte uns auch nach 350 Jahren noch eine eindringliche Mahnung sein!

[x]) Sicherungsdamm nach Pellworm

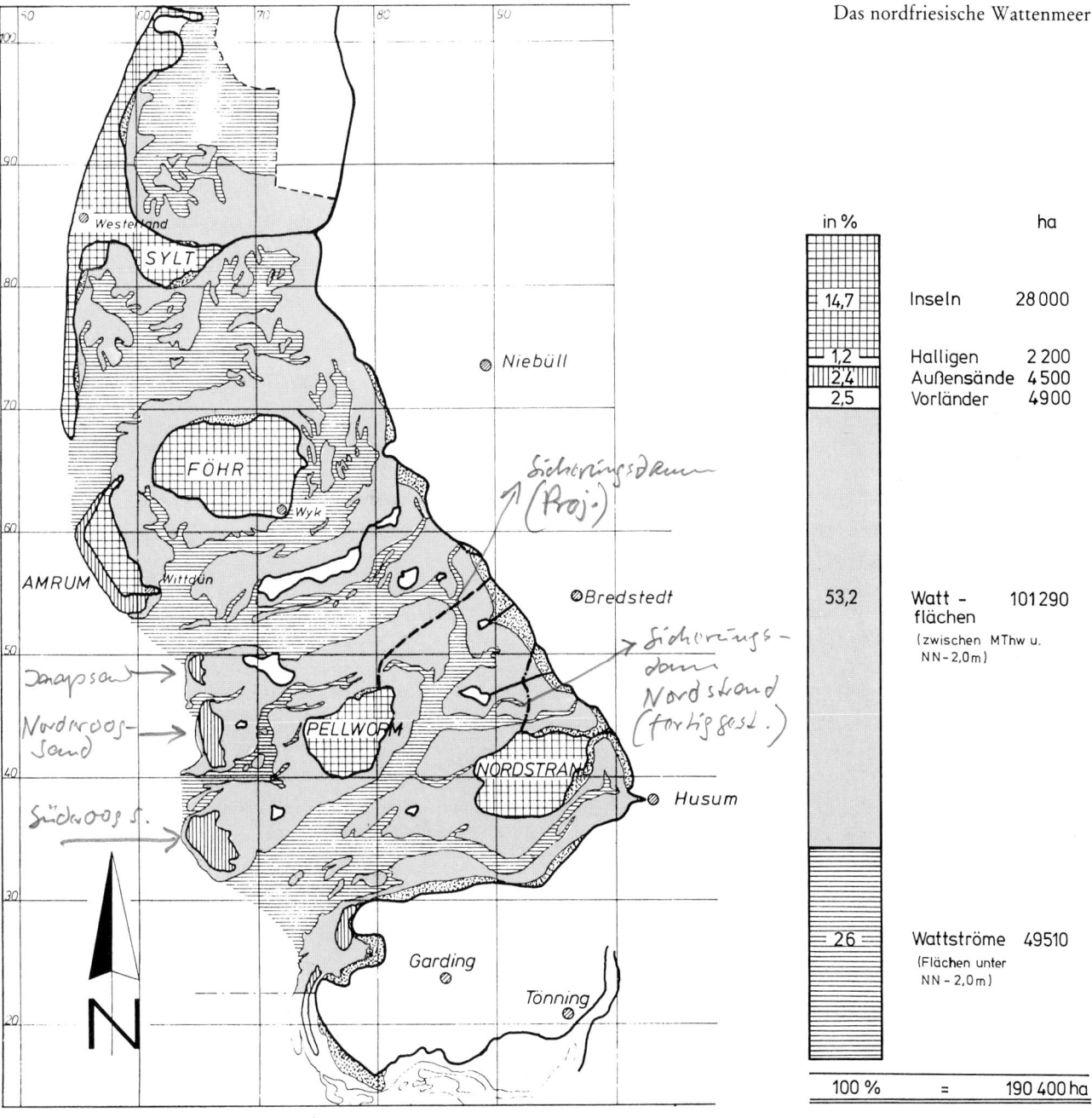

Das nordfriesische Wattenmeer

in %		ha
14,7	Inseln	28 000
1,2	Halligen	2 200
2,4	Außensände	4 500
2,5	Vorländer	4 900
53,2	Watt-flächen (zwischen MThw u. NN-2,0m)	101 290
26	Wattströme (Flächen unter NN-2,0m)	49 510

100 % = 190 400 ha

Albert A. Panten

Das Leben in Nordfriesland um 1600 am Beispiel Nordstrands

1634 verging in einer Nacht das alte Nordstrand und mit ihm die Mehrzahl seiner Bewohner. Es verging auch das pulsierende Herz Nordfrieslands und die Kornkammer des Herzogtums Schleswig. Eine Kultur hörte auf zu bestehen, eine Kultur, die in ihren Zügen um so fremdartiger erscheint, je tiefer man sich mit der Überlieferung in Akten und Urkunden beschäftigt. Von alledem soll hier ein *kleiner* Einblick geboten werden. Wir werden vom Reichtum der Insel, vom Rechtsempfinden der Einwohner und vom Deichrecht hören, von dem noch nicht überwundenen Zwang zur Blutrache und den kriegerischen Verwicklungen während des Dreißigjährigen Krieges. Zu diesem Zwecke bediene ich mich meist der zeitgenössischen Darstellungen und Chroniken jener Zeit, deren Notizen in hochdeutscher Übertragung gebracht werden, die aber dennoch die Eigenart des Schreibers anklingen lassen sollen.

Die Insel Nordstrand hatte kurz vor der großen Flut eine Größe von etwa 43 000 Demat, dabei betrug die Zahl der Einwohner rund 8600 auf etwa 1200 Feuerstätten. Von dieser Landzahl gehörten etwa 7000 Demat den Nordstrander Kirchen.

Auf der Insel galt das Nordstrander Landrecht, die politische Struktur im Innern wurde durch die Ratmannsverfassung bestimmt; die Verbindung zur Obrigkeit, dem Herzog zu Schleswig, hielt ein Beamter, der Staller, mit einem Landschreiber. Beide konnten ihren Einfluß auf innere Angelegenheiten im Laufe der Zeit immer mehr vergrößern. Bis 1616 war Jürgen Maaß, dann nur kurz Johannes Pintzier Staller, ab 1617 August von Bestenborstel, während dessen Amtszeit das alte Nordstrand überflutet wurde. Die alten adligen Familien der

Wunksen und Leve waren gegen 1600 ausgestorben, auf dem ehemaligen Sitz der Leves zu Morsum herrschte ein Vogt der Rantzaus über seines Herrn Leibeigene.

Ein hervorragendes Merkmal der Nordstrander Friesen war ihre Streitsucht und Uneinigkeit, zu stark war das Denken in Familien geblieben. Dies mußte schließlich zur Einflußnahme der Herzöge auf die verschiedensten Rechtsgebiete führen; im Bereich der Deichunterhaltung z. B., wozu ein Nordstrander Chronist meldet: „Anno 1616 hat sich die hohe Obrigkeit des Elendes angenommen und einen fremden Deichgrafen Johan Clauß von Coten mit seinen Baßen ins Land kommen lassen, mit welcher Hilfe die Landleute erstlich einen Seedeich und dichtes Land wiedererlangt."

Vorzüglich beschreibt der Odenbüller Pastor Johannes Petersen das alte Nordstrand und seine Bewohner um 1600:

„Das Binnendeichsland Nordstrands wird nach seiner Eigenschaft unterteilt in 1. Moorland, 2. wüstes Land (Hochmoor), 3. durchstrengiges Land, 4. Kleiland und 5. hamscheriges Land. Durchstrengig heißt das Land, das in einem langen, gerade durchgehenden Streifen den Besitz eines Hofes darstellt, der zumeist auf diesem Streifen steht, während hamscheriges Land ein Stück Landes bedeutet, das meist unter mehreren aufgeteilt ist und wegen seiner Lage, z. B. im Gebiet einer Grabenkrümmung, als Ham bezeichnet wird.

Hiervon haben die Eingesessenen, die man auch Landeigner nennt, jeder sein eigenes Bohl von größerer oder kleinerer Dematzahl, wonach auch ein jeder seinen Deichabschnitt zugemessen bekommt. Solche Bohle sind schnurrecht mit Sielzügen und Wassergräben (gemeinhin 8 Schuh breit) voneinander getrennt. Ein Bohl aber (ein von der benachbarten dänischen Sprache eingeborgtes Wort) bedeutet soviel wie eine Wohnung mit Gebäuden, Hofplatz und dem abgemessenen und abgegrenzten Land, darauf sich ein Hauswirt mit der Familie ernähren kann. Diese Bohlen werden durch die Anzahl der Demat der Größe nach bestimmt. Ein Demat ist die Fläche, deren Gras ein Mäher mit der Sense an einem Tage abmähen kann; besät entfallen auf ein Demat 6 Scheffelsaat, 216 Quadratruten machen die Fläche aus (in heutigem Maße etwa 0,5 ha).

So kann die Dematzahl 10, 20 oder 30 Demat und mehr betragen, das ist dann die Größe des Bohls.

Die durchstrengigen Bohlen liegen entweder in Ost-West-Richtung oder Nord-Süd-Richtung. Bei Odenbüll z. B. gibt es im Osten bzw. Nordosten das Moorland und das Kleiland nach dem Südwesten zu, auf der Seite von Hamm ist es genau umgekehrt. Die Mooräcker geben überaus schönen Roggen, wenn sie gut gedüngt werden und der Mist auf die Furchen ausgestreut wird. Vom Roggen erhält man herrlich weißes und wohlschmeckendes Brot. Ansonsten wächst auf den Mooräckern guter Hafer, der weder rauh noch klein gerät, sondern von Körnern dick und grob ist. Doch ist solches Moorland ohne Düngung unfruchtbar.

Auf dem Kleiland wachsen vorzüglich Weizen, Gerste, Hafer, Bohnen und Erbsen; solches Kleiland wird nie oder ganz selten gedüngt, sondern bekommt seine Ergiebigkeit von den fetten Bohnenstengeln, abgefallenen Blättern und stehengebliebenen Wurzeln, wenn ein Jahr ums andere Bohnen und Gerste angebaut und der Boden durch das Pflügen locker und mürbe wird.

Es ist eine wunderbare Fruchtbarkeit im Lande, das seit Menschengedenken nicht brach gelegen hat und doch nach Gelegenheit des Wetters reichen und vielfältigen Segen einbringt, oft mehr als das 20fache der Aussaat. Doch wird die Ernte manchmal beeinträchtigt durch Überschwemmung, Hagel und Regen, Wirbelwinde, Mäuse, Frösche und die alles ungenießbar machenden Würmer, welche Keim und Wurzel des Korns auffressen. Aber in reichen Jahren können nicht nur die Einwohner des Landes ernährt werden, auch viel Volk außerhalb findet dann seine Speise; das sieht man dann im Herbst, wenn an allen Sielen und Schleusen am Seedeich (es gibt 15 davon, die als kleine Häfen dienen) fremde Schiffe liegen, die aus Stade, Holland, Husum und woanders her kommen, ihre Last erhalten und mit froher Mannschaft ihre Heimat ansteuern.

Doch ist der Nordstrand nicht überall gleich fruchtbar, es gibt 1000 Demat wüstes Land (Hochmoor), das weder Gras noch Korn tragen kann. Dazu haben die aus Hamm, Morsum, Evesbüll, Rörbek und Volligsbüll geringeres Land, auf dem weder Bohnen noch Gerste wachsen. Die von Königsbüll, Bubschlut, Bupsee, Buptee, Oster- und Westerwolt, Pellworm und Buphever haben gutes Kornland und daneben schöne Weide, besonderen Gewinn also von ihren Fettochsen, deren an die 600 und mehr zum Herbst ausgetrieben, geholt und verkauft werden. Und da das Land keine Mutterpferde kennt, holt man Fohlen aus Jütland, Ditmarschen und anderen Orten und zieht sie auf; die Sechsjährigen bringt man dann auf die Märkte von Stade, Buxtehude und Cadenberge (bei Otterndorf), etliche hundert an der Zahl.

Im Lande gibt es eine stattliche Viehzucht, doch von mittelgroßem Vieh, nämlich Ochsen, Kühen, Schafen, Schweinen, Gänsen, zahmen Schwänen, Enten und Hühnern, alles was zur Notdurft reicht. Es wird aber nichts geschlachtet, was nicht dick und fett ist. Die meisten Einwohner wissen mit dem Schlachtfleisch auch reinlich und sauber umzugehen.

Was die Kleidung betrifft, so hat man gute Wolle, wovon eine Art Stoff, ,Webbe' genannt, hergestellt wird. Dieser ist sehr stark, hält lange und läßt sich färben und zu vielerlei Zeug verarbeiten. Doch wegen seiner Festigkeit

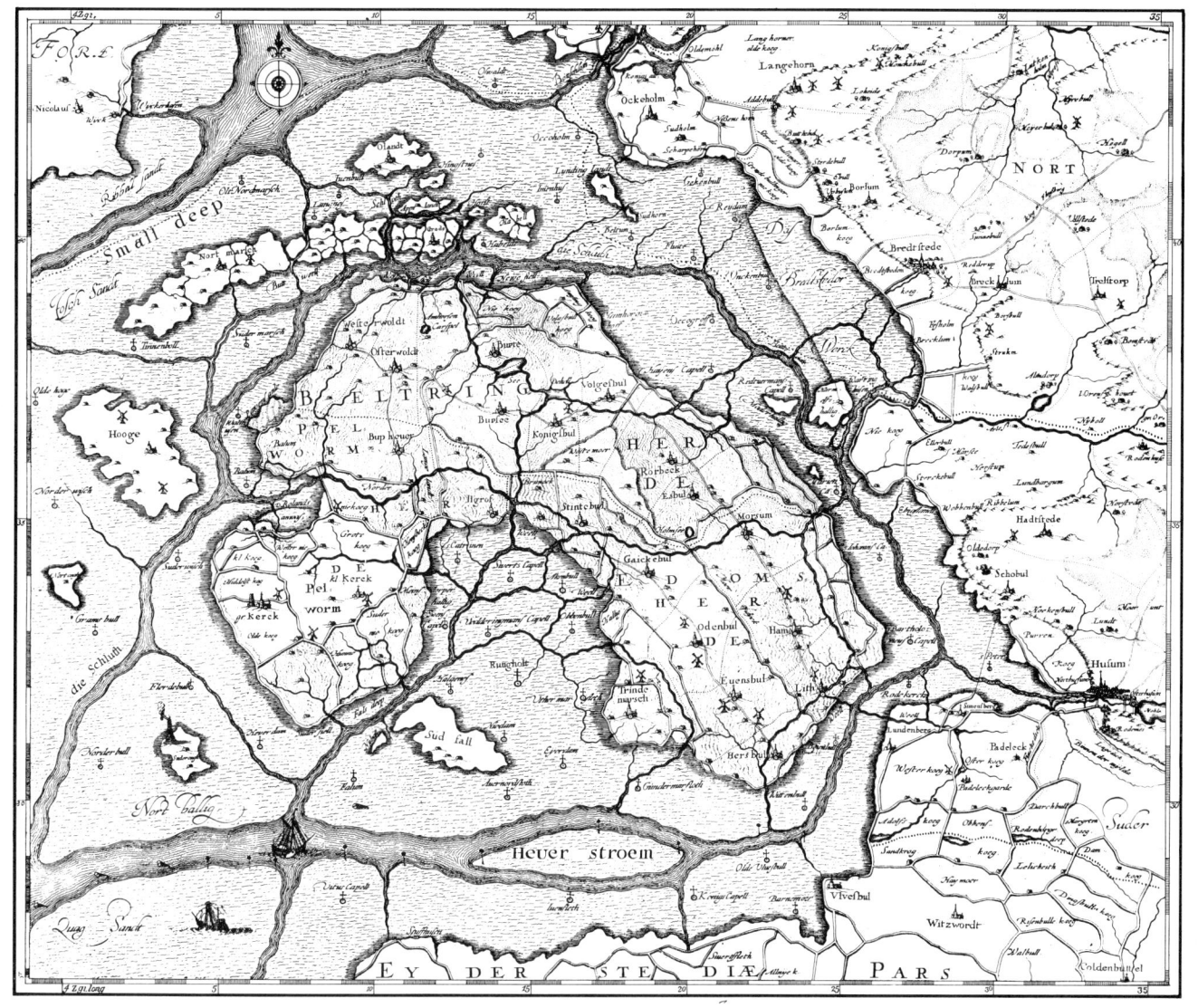

um 1150, als der Turm (Seezeichen) der Salvator Kirche gebaut wurde,

Ausschnitt aus J. Mejers „Landtcarte von Nordgoesharde Ambt Husum Lundenberg undt dem Nordstrande", 1649.

lag die A.K. ca 6 Km vom Westmeer entfernt: Seezeichen!
Heute, 1990, noch 100 m!

muß die Farbe schier hineingebrannt werden, er gibt wenig Wärme, wenn er nicht weiß und ungefärbt getragen wird. Die vermögenderen Einwohner tragen englische Tuche und seidene Gewänder, die Frauen oftmals sehr prächtige.

Die Küche auf Nordstrand ist sehr gut gehalten; Speck, geräuchertes Rind- und Schaffleisch sind vollauf vorhanden. Gänsefleisch wird gepökelt, danach mit Schmalz übergossen und kann so ein ganzes Jahr frisch bleiben. Das geräucherte Rindfleisch hat aber vom Torfrauch und vom friesischen Salz einen abscheulichen und verdrießlichen Geschmack, doch wissen etliche ihre Speisen besser zu würzen. Zu dem gibts hier liebliche rote und wohlschmeckende Butter, die während der ganzen Mahlzeit auf dem Tische steht, gekochte Eier, schöne Milchspeise, Zugemüse und gekochte Speisen.

Das Gesinde und die Tagelöhner haben auf dem Nordstrand Herrentage. Des Sommers, besonders bei der Ernte, gibt man den Tagelöhnern vom Festland (dem ‚Denschen volck‘) und dem Gesinde fünf Mahlzeiten, worüber beinahe fünf Stunden des Tages vergehen; dennoch können die Mäher täglich 3½ Schilling verdienen, denn fast alles Korn wird mit der Sense abgemäht und nicht mit der Sichel abgehauen.

Man hat hier auch gutes Gerstenbier, fett und wohlschmeckend, aber wenn das Malz am Torffeuer gedörrt wird, schmeckt es häßlich und verursacht Durchfall und andere Krankheiten; am Holzfeuer gedörrt schmeckt es sehr schön, vorausgesetzt es ist nicht zuviel Wasser dabei. Holzfeuer können sich nur die Reichen leisten. Binnendeichs in Gräben und Sielzügen gibt es Hechte, Karauschen, Barsche und Rotaugen, die bisweilen einen leckeren Bissen abgeben. Doch ist man vor Fischdieben nicht sicher. In den Wehlen und großen Tiefen ist das Fischen verboten, dies hat die Obrigkeit sich vorbehalten. Als diese Gebiete noch frei waren, gab es Fische genug, nun, da das Fischen verboten, ist nichts mehr vorhanden.

So konnten denn auch unter den zahllosen frechen Totschlägern nur ganz wenige, und zwar mittellose und landfremde Leute, in dem einen und andern Menschenalter zur Bestrafung gebracht werden. Unzucht und Ehebruch werden leichtgenommen und sind daher auch allgemein. Übermäßige Zinsen und schlaue Übervorteilung rechnen sie nicht zum unerlaubten Erwerb. Völlerei aber, Schlemmerei und Verschwendung haben sie früher so geliebt, daß dadurch schließlich nicht selten das ganze Erbgut vertan wurde. Denn einer suchte sich immer, wenn auch das äußerste Verderben bevorstand, nach dem Beispiel des andern zu richten. Auch sahen sie das nicht als Sünde oder Laster an, sondern gaben es immer als überlieferte Sitte vor. Leute, die es anders machten und zur Mäßigkeit mahnten, lachten sie aus und verachteten sie. Obwohl ihnen früher wie jetzt jene hemmungslose Prunksucht von den Fürsten untersagt und strenge bestraft wurde, lassen sie sich hierbei nur widerwillig Gesetze oder Regeln vorschreiben und behaupten, nie sei die Insel in blühenderem Zustand gewesen als dann, wenn alle sich ganz frei und ungebunden ihrer Lust hingaben. Darum habe sich auch, als von der Behörde der Aufwand bei den Gelagen eingeschränkt wurde, allmählich alles zum Schlechteren gewandt. Und sie lassen sich sowenig durch die schlimmsten Schäden und Verluste dahinbringen, deswegen von irgend welchen Lastern abzulassen, daß die meisten es vielmehr gerade darin nach gewohnter Weise toll treiben.

Boetius’ Zorn spiegelt das wider, was nach der großen Flut 1634 als Grund für den Untergang Nordstrands angesehen wurde, das sündige und lasterhafte Leben seiner Einwohner, das die Rache Gottes beschwor. Nun ist Boetius aber schon vorgeprägt durch ein Geschehen, das sein Vater Peter Boysen 1556 erlitt. Zu der Zeit hat Nummen Gunsen in Trindermarsch den Pastor, Peter Boysen, darum, daß er ihn und seine Brüder wegen ihres frevelhaften Tuns und Mutwillens mehrmals amtshalber getadelt, unter dem Vorwand, ihn von einer Kindtaufe

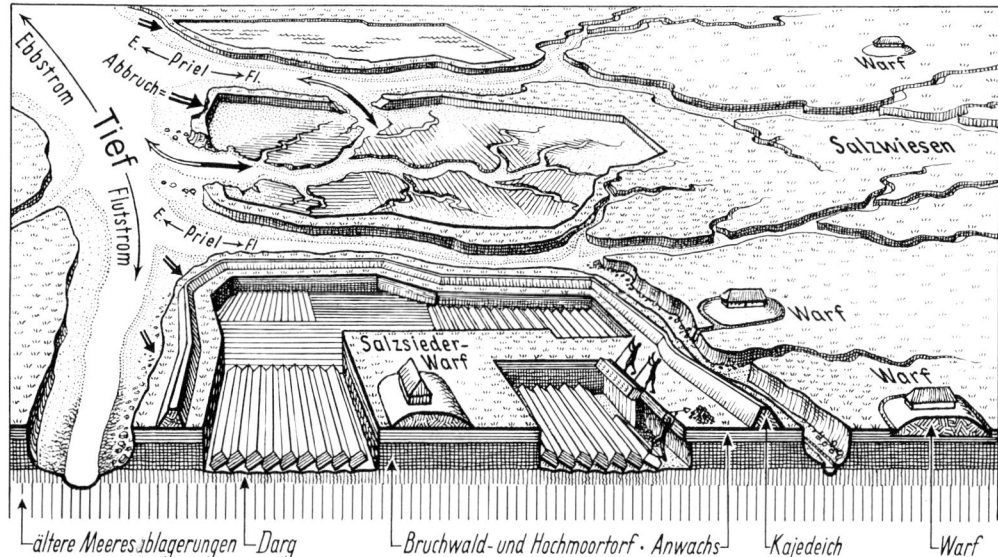

Bildbeschriftung: Ebbstrom · Abbruch= · Tief · Flutstrom · E. → Priel-Fl. · E. → Priel-Fl. · Warf · Salzwiesen · Salzsieder-Warf · Warf · Warf · ältere Meeresablagerungen · Darg · Bruchwald- und Hochmoortorf · Anwachs · Kajedeich · Warf

nach Hause begleiten zu wollen, an seinem eigenen Damme überfallen, in der Absicht, den Pastor zu töten. Ein besonders scheußlicher Mord muß sich 1603 ereignet haben; darüber schreibt Heimreich in seiner Chronik. Danach hatte Bolde Arvestsen von Odenbüll an Haje Bandicksen einen mutwilligen Totschlag begangen, ‚worauff H. Matthias Boethius bey beschreibung der Nordstrandinger unter andern hat gedeutet'. Die ‚Strander Annalen' bemerken zum Jahre 1605, es seien viele mutwillige Totschläge im Nordstrande geschehen; damals ist Hans Nommensen beim Westersiel in der Morgenstunde, da er noch nicht ganz angezogen, jämmerlich und plötzlich erstochen worden. Heimreich überliefert eine Verordnung des Jahres 1623, die gut zu Boetius' Klagen paßt. Zur Verhütung aller Ungelegenheit sollten die Gäste nach geendigter Mahlzeit ihre Dolche und Messer dem Wirte oder Schaffer übergeben. So wird mancher dann den morgenden Tag lebend erreicht haben.

Über 8000 Menschen können so gut ernährt werden und dabei kommen noch große Mengen an Korn, fetten Ochsen und Kühen, an Butter, Käse und Lämmern (etliche hundert) zur Ausfuhr.

Salz wird auf besondere Weise gewonnen. Man gräbt außendeichs im Schlick bei Ebbe eine schwarze, moorige Erde zutage, diese wird bei eintretender Flut mit Schuten oder Ewern an Land gefahren und auf einem ebenen Felde ausgebreitet, von Wind und Sonne getrocknet, angesteckt und zu Asche gebrannt; diese wird dann mit ein wenig Salzwasser angefeuchtet und zu großen, spitzen Haufen zusammengebracht und bis zum Herbst mit Rasen bedeckt gehalten. Dann kommt die Asche in eine zweigeteilte Tonne und zwar auf den Mittelboden, der mit Salzrasen bedeckt ist; darauf wird Seewasser gelassen, welches durch die Asche sickert und zieht. Daraus entsteht eine rote Sole, die dann in breiten, eisernen Kesseln gesotten wird. Das ergibt reichlich Salz, schön, weiß und feinkörnig, zum täglichen Gebrauch nützlich und gut, allein daß es einen bitteren Geschmack hat und Rindfleisch und Butter zu salzen untüchtig erachtet wird. Dazu nehmen die Landleute Lüneburger Salz, welches die Stader Kaufleute einführen; zum Speck und zur täglichen Speise kann man das friesische Salz aber durchaus benutzen. Es wird auch von den Insulanern und den Halligleuten nach Dänemark exportiert und im allgemeinen gegen Roggen vertauscht.

Metall wird im Lande nicht gefunden, abgesehen von Streufunden an Quecksilber beim Torfgraben oder Bleikörnern, die in alten Wällen gefunden wurden.

An Feuerung mangelts im Lande auch nicht, denn das moorige und schwarze Erdreich, so sich aus verrotteten Erlen- und Birkenbusch, Rohr, Binsen, Seebesen, Schilf und Moos gebildet hat, ist nach Trockenlegung des Landes von der Sonne gedörrt worden, wovon es den Namen ‚Derrig‘ erhalten hat. Auf dieser Schicht können Menschen und Vieh des Sommers gehen. Davon gräbt man Torfstücke, die vom Wind getrocknet nach sechs Wochen nach Hause gefahren und dort in spitzen Haufen aufgesetzt werden. Die von Stintebüll, Brunock, Königsbüll, Volligsbüll und Rörbek müssen sich diesen Torf kaufen. Von solchem Torfmoor gibt es (um 1600) noch etwa 500 Demat.

Die Einwohner haben schöne Häuser und Gebäude, obwohl es im Lande kein Bauholz gibt, welches gemeinhin mit Schiffen aus Norwegen eingeführt und teuer genug erkauft werden muß. Es kann noch so knorrig und von geringer Qualität sein, es kostet sein großes Geld. Die Hauswände sind überall von Ziegelsteinen und Muschelkalk aufgemauert und es gibt Häuser, in denen 24 000 Steine verarbeitet sind. Alle Häuser dieser Art stehen auf Warften, die man aufwirft, um die Häuser vor Überschwemmung zu schützen. Arme Leute bauen sich ihre Katen auf die hohen See- oder Mitteldeiche.

In den über 650 Katen wohnen zumeist Handwerksleute, deren es hier nach Gelegenheit und Bedarf genug gibt. Schmiede, Schuster, Schneider, Zimmerleute und Glaser, dazu Tagelöhner, Kleiarbeiter, Mähleute und Drescher sind vorhanden.

Das Schulwesen im Nordstrande ist dadurch verbessert worden, daß die Einkünfte des Stintebüller Priesterkalands nach der Reformation zur Unterhaltung dreier Schulen in Gaikenbüll, Königsbüll und Morsum verwandt wurden. Zum Besitze des Kalands gehörten u. a. zwei Bohl Landes zu Stintebüll, ein Kalandshaus und etliche Zinsen und Kapitalien. In weiteren zehn Kirchspielen sind Capellane, die guten Fleiß bei den Kindern anwenden, um sie den Katechismus, das Schreiben und Lesen zu lehren. Daher gibt es kein Haus, in dem nicht der Hauswirt, seine Frau oder ihre Kinder lesen und schreiben können. In Odenbüll allein sind zehn gedruckte Exemplare der deutschen Bibel Martin Luthers zu finden. Jeden Freitag vor der Predigt rezitieren die kleinsten Knaben ihren Katechismus und die fortgeschreneren die Auslegung in Frage und Antwort.

Die Nordstrander schicken ihre Kinder gern zur Schule, die begabteren senden sie oft auf Universitäten, so daß z. B. um 1600 vierzehn der Prediger und Capellane im Lande geboren sind.

Die Zuhörer des Gottesdienstes sind zwar nicht ohne Sünde, Mangel, Gebrechen und Schwachheit des Geistes, doch lassen sie sich durchweg von der Predigt strafen und um begangner Missetat willen tadeln. Sie lassen sich ermahnen, lehren, unterrichten und trösten, doch findet man auch hier wie sonst im Lande unehrenhafte, halsstarrige, mutwillige, verstockte, eigensinnige, ruchlose und sture Menschen, die man Gottes rechtem Gericht befehlen muß."

Soweit Johannes Petersen; bei ihm kommen die Nordstrander in ihrer sittlichen Haltung noch recht glimpflich weg. Anders ist es hingegen bei dem Evensbüller Pastor Matthias Boetius, der in seinem 1623 erschienenen Buch über die Überschwemmung Nordstrands folgendes ausführt:

„Im allgemeinen sind die Nordstrander, abgesehen von

denen, die durch Unterweisung sanftmütiger und durch Bildung vernünftiger geworden sind, immer trotzig und herausfordernd gewesen, die nur für sich und ihre Familie Interesse haben und alle Fremden verachten. Diese verhöhnen sie nicht nur allgemein, sondern stoßen sie auch aus ganz geringfügiger, manchmal sogar überhaupt keiner Ursache nieder, und ihr Tod macht nicht den geringsten Eindruck auf sie. Wenn keine auswärtigen Leute da sind, zücken sie ihre Waffen gegeneinander, vor allem beim Gelage. Sie kämpfen auch nicht, wie anderswo Sitte, nach Herausforderung oder messen untereinander ihre Kräfte, sondern kaum ist das eine oder andere Wort gewechselt, so stoßen sie dem daneben Stehenden oder Sitzenden ihr kurzes Messer in die Brust oder Rippen. Daher kommen dort die massenhaften Totschläge, die nicht selten mit Raub verbunden sind. Diese schieben sie jedoch der Trunkenheit oder dem Jähzorn zu und machen allenthalben wenig daraus. Auch suchen sie fast immer durch bestellte falsche Zeugen und durch die Hilfe von verlogenen Ränkeschmieden der Strafe auszuweichen und zu entgehen, oder sie entziehen sich ihr durch heimliche Flucht."

Um zu verstehen, warum auf dem Nordstrand immer noch, auch noch im 17. Jahrhundert, der Dolch recht locker saß, und, wie Boetius meint, kleinste Ursachen zu einem Niederschlag führen konnten, sei daran erinnert, daß noch im 16. Jahrhundert die Bestimmungen der Blutrache und der Sippenhaft bestanden. So mußten die Verwandten eines Totschlägers bis ins fünfte Glied der Verwandtschaft noch damit rechnen, von Verwandten des Erschlagenen umgebracht zu werden. Manche dieser Fehden waren über hundert Jahre alt und führten immer wieder zu Gewalttaten. Erst 1540 wurde die Verpflichtung der Verwandten zur Rache bzw. zur Erduldung der Fehde abgeschafft.

Es heißt in einem Nordstrander Gerichtsprotokoll auf Niederdeutsch:

„Im Jahr, da man schrieb Tausend Fünfhundert und

vierzig, den andern Tag nach Maria Lichtmeß, ist der Staller des Landes Nordstrand mit den Vertretern der fünf Harden im Kirchspiel zu Rörbek übereingekommen wie folgt:

1. Wer nach diesem Tage mit kleinen oder großen Feuerröhren oder Zündröhren angetroffen wird, oder mit Handbeilen, langen Stoßdegen, langen krummen Messern oder Brotmessern oder kurzen zweischneidigen Messern, der wird der Anklage verfallen.

2. Wer einem andern mit dem Tod droht oder ihn versucht durch eine Hausdurchsuchung zu finden, soll der Anklage verfallen, sofern die Sache beweisbar ist.

3. Wenn jemand nach diesem Tage einen tot schlägt, es sei auf welche Weise und wo auch immer geschehen, der soll das allein auf seine Verantwortung getan haben und die Verwandten sollen von den Folgen des Totschlag ganz frei sein, er tue es wo und wie auch immer."

Die Verpflichtung zur Blutrache sind besonders genau in der „Krone der Rechten Wahrheit" von 1426 dargestellt, dem eiderstedtischen Gegenstück zur Siebenhardenbeliebung von 1426.

Wir zweifeln nicht daran, daß die Ausläufer jener Rechtsauffassung noch bis ins 17. Jahrhundert gültig waren.

Dazu ein Beispiel, das Nordstrand und Eiderstedt zugleich berührt.

An einem Sonntagnachmittag, es war der 21. Juli 1605, ritten der Fähnrich des Landes Eiderstedt, Ove Backens, Ratmann und Lehnsmann zu Oldenswort, und Backe Hummersen oder Laurentzen aus dem Nordstrande, beide Pferdehändler, von Itzehoe aus in Richtung Heimat. Da sie nicht weit von Itzehoe gekommen waren, bekam Ove Backens von Backe Hummersen durch einen hinterhältigen Anschlag einen tödlichen Schaden, an dem er nach acht Tagen starb und in Itzehoe begraben wurde.

Aber auch Backe ereilte sein Schicksal. Im Jahre 1614, am 21. Dezember, wurde er, der zuvor auch noch andere mutwillige Totschläge begangen hatte, zu Husum von Johann Feddersen, einem studierten, feinen Mann, der auch auf dem Nordstrand wohnte, totgestochen.

Wie in Eiderstedt und Nordstrand sind auch für die Wiedingharde noch im 17. Jahrhundert zahlreiche blutige Familienfehden bekannt; sie spielten sich vornehmlich in den Kreisen der größeren Grundbesitzer ab und sind im Grunde noch die letzten Zeugen des Mittelalters, von dessen gefährlichem Leben in den Uthlanden ein Gerichtsprotokoll der Jahre 1444/48 ein überaus beredtes Zeugnis abgibt.

Unbilden, Seuchen und Feuer

1596 und 1600 haben große Sturmwinde das Getreide umgeweht. 1627 regnete es so lange, daß das Ungeziefer der Mäuse, Frösche und Käfer dem Roggenlande sehr schädlich gewesen ist. Solches geschah auch schon 1619 und 1626 von den Würmern.

1598 entstand eine Pest, die bis 1603 währte. Allein in Stintebüll starben 325 Menschen. Während der Besetzung Nordstrands durch kaiserliche Soldaten trat die Pest wieder auf. Im folgenden Jahre 1630 fielen ihr in Bopsee und Bopschlut 137 Menschen zum Opfer.

Verschiedene Feuersbrünste haben ihren Tribut gefordert. So berichtet Heimreich von Feuern im Jahre 1621 in Bopsee, 1623 in Königsbüll und Bopsee, 1624 in Gaikenbüll, Evensbüll und Bopschlut, 1625 in Pellworm, 1626 in Hersbüll und Bopsee, 1627 zu Evensbüll, Emesbüll, Illgroff und auf Habel und 1629 in Königsbüll.

1624 fingen die Mooräcker zu Evensbüll Feuer, das aber bald gelöscht werden konnte.

Auswirkungen des Dreißigjährigen Krieges

1627 bis 1629 griff der Dreißigjährige Krieg nach Nordfriesland über. Nach der Niederlage bei Lutter am Barenberge (1626) zog sich Christian IV. (1588–1648) hin-

ter die Elbe zurück, und die Truppen des Kaisers unter Tilly und Wallenstein überschwemmten die Herzogtümer Schleswig und Holstein. Zwar hatte sich Herzog Friedrich III. bemüht, strenge Neutralität zu halten, doch wurde nun sein Land sowohl von königlich dänischer als auch kaiserlicher Soldateska heimgesucht. Fünf kaiserliche Regimenter wurden in Eiderstedt einquartiert und haben innerhalb kürzester Frist das einst blühende Land mit Brandschatzungen und Kriegssteuern, Plünderungen und Raub an den Rand des Ruins geführt. Wie es damals zuging, schildern Beschwerdeschriften betroffener Einwohner, wie z. B. Mewes Ovens' in Witzwort oder des Henning Volquards in Koldenbüttel. Letzterer schrieb 1628 über die in seinem Hause einquartierten 15 Soldaten: „Daß sie hineingekommen, mir den blanken Degen über den Kopf gesetzt und mit einem Schaufelstiel zu prügeln gedroht haben, ich sollte ihnen unverzüglich 10 Maß Wein und 3 Maß Branntwein verschaffen; am selben Abend haben sie mich mit meiner Frau und dem Gesinde aus dem Haus vertrieben, meine Kammer aufgebrochen und das ihnen dienliche fortgenommen; am folgenden Morgen, da ich wieder zum Hause gekommen und um Verständigung bat, haben sie mich an Arm und Schulter geschlagen; alles was auf den Tisch gekommen ist an Fleisch, Speck und Käse und was sie nicht verzehren konnten, haben sie zerstükkelt und z. T. zum Fenster hinausgeworfen, z. T. unter die Bänke und mit Füßen getreten; sie haben die Daunendecken aufgeschnitten, die Daunen zerstreut und das Laken behalten; im Hausstand haben sie Tische und Stühle völlig zerbrochen." Solche und ähnliche Vorkommnisse fanden schnell verbreitete Meldung, und es nimmt uns nicht wunder, daß die Nordstrander die Schrecken des Krieges fürchteten.

Peter Sax berichtet von seiner Geburtsinsel:

„Wie nun die kaiserliche Einquartierung in Eiderstedt den 17. Oktober 1627 anging, sind viele böse Reden hin und wieder im Lande erschollen, daß die kaiserliche Sol-

dateska übel hausierte. Hierdurch wurden die Leute be-
wogen, folgendes zu beschließen:
1. weil das Land zwar groß sei aber nicht viel tragen
könnte, als die Soldateska fordern würde
2. man müßte jährlich große Deichkosten tragen
3. die Einwohner wären mit Schulden überladen
4. das Land wäre im Wasser belegen, dahin die kaiserlichen Soldaten nicht ohne Schiff kommen könnten
deswegen wollten sie sich verteidigen und keine Einquartierung annehmen."
Der Widerstand gegen die herzogliche Anordnung, zwei
kaiserliche Kompagnien aufzunehmen, wuchs sich zu einer förmlichen Rebellion aus, die zwar nach kurzer Zeit
beruhigt wurde, aber auf den Herzog einen großen Eindruck machte, zumal bei einer Heerschau bei Gaikenbüll die versammelt angetretenen 3000 Standinger sich
weigerten, die Waffen abzulegen. Der Herzog konnte in
einer persönlichen Unterredung mit den Aufwieglern
eine Konfrontation abwehren. Danach ließ er die
Schantze auf der Lith von 600 Soldaten besetzen, um
zukünftigen Schwierigkeiten vorzubeugen; die Stranger
wurden entwaffnet. Die Anführer der Rebellion erhiel-
ten Pardon; ihre Namen waren nach Peter Sax:
„Backe Andersen zu Bupschlut, der war das Haupt der
Aufrührer, sein Sohn Broder Backsen folgte dem Vater
auf dem Fuß, Occo Harsen zu Pellworm, des Backe Andersen Stieftochter Mann, Leve Knutzen, ein Totschläger zu Pellworm, Bole Arfftsen zu Odenbüll, ein greuli-
cher, mutwilliger Totschläger, des Stallers Diener Hans
Ocksen zu Odenbüll, die Brüder Harre Feddersen zu
Pellworm und Volquart Feddersen zu Buphever, Junge
Leve zu Bupschlut, Rode Hans Harsen zu Bupsee, Tade
Feddersen zu Bupschlut, Schiffer Hans zu Westerwolt,
Teves Jacobsen bei Tammensiel auf Pellworm, Hans Ke-
telsen auf Langeness, Hans Levesen zu Pellworm, Nommen Adsen zu Hersbüll, Broder Petersen und Edlef
Knutzen."
Stark bewegte die Menschen damals das Massaker von
Lundenberg. Im Oktober schickte der englische König
dem König zu Dänemark ein Schiff mit Verstärkung gegen Kaiser Ferdinand. Das Fahrzeug, eigentlich zur Elbe
destiniert, war durch widriges Wetter vor Lundenberg
angekommen. Die Besatzung hatte von den kaiserlichen
Truppen freies Geleit zum Landgang erhalten, wurde
aber dann von den Soldaten umzingelt und mit Beilen
und Hacken niedergemacht. Von den über hundert
Mann retteten sich vierzehn, die entweder vor dem An-
landen zum Strande hinüberschwammen oder sich auf
dem Schiffe versteckten.
Der Aufstand der Nordstrander war Vorbild für ähnliche Vorgänge in der Bökingharde, wo der Damm nach
Klixbüll von den Eingesessenen mit einer Schanze ge-
sperrt wurde, die dann ebenso schnell wieder sang- und
klanglos auf herzoglichen Befehl dem Erdboden gleich-
gemacht wurde. Ein solches Schicksal erlitt die bei
Deezbüll erbaute Schanze der Kaiserlichen nach der Er-
oberung durch die Dänen im Jahre 1629.

Das Spatenlandrecht

Das nordfriesische Deichrecht ist, wie das älteste nordfriesische Recht überhaupt, vor allem Gewohnheits-
recht. Erst im 15. Jahrhundert wurden Rechtssatzungen
aufgeschrieben, so die Siebenhardenbeliebung von 1426
und die gleichzeitige „Krone der Rechten Wahrheit" der
Dreilande Eiderstedts. Auch spätere Beliebungen von
1446 beziehen sich nur auf den Deichfrieden. Erst 1466
kommt in Eiderstedt der Grundsatz zum Ausdruck, daß
jedes Land der Dreilande (Eiderstedt, Everschop,
Utholm) lediglich seine eigenen Deiche zu unterhalten
habe. Erst mit der wachsenden Einflußnahme der Lan-
desherren (Herzog, König) auf das Deichwesen während
der langen Landwiedergewinnungsperiode nach
1362/1436 bis ins 16. Jahrhundert hinein nahm die Fest-
schreibung gewonnener Erfahrungs- und Rechtssätze

zu. So wurde erst 1557 das berühmte „Spadelandesrecht" Nordfrieslands aufgestellt und rechtsgültig, verbindlich für herzogliche und königliche Gebiete der Herzogtümer Schleswig und Holstein. Sechzehn namentlich bekannte Männer schufen ein System von zwanzig Artikeln, die bis in unser Jahrhundert Gültigkeit besaßen und die Grundlage des täglichen Kampfes der Nordfriesen mit dem Meer bildeten. Ihr Text, ins Hochdeutsche übertragen, zeigt besser als jede Abhandlung das Wirken um das Deichwesen. Zugleich soll hier die Entwicklung jedes einzelnen Artikels erläutert werden.

Artikel 1

All das in einem Kooge belegene Land, worüber die große Flut gegangen ist, soll dematdematsgleich in Deich und Damm, in Argem und Gutem gemacht und gehalten werden.
[Dieser Grundsatz wurde bereits um 1450 von dazu berufenen achtzehn Männern aus Eiderstedt und dem Strand in einer Urkunde dokumentiert, 1517 vom Nordstrander Rat bestätigt und auch 1520 und 1543 für wahr und gültig erkannt.]

Artikel 2

Das Land, wo die notwendige Deicherde ausgegraben wird (das Speteland), soll draußen vor dem Deichskamm innerhalb eines Achtzehnrutenstreifens zum Deich gehörig betrachtet werden, binnendeichs innerhalb eines Zwölfrutenstreifens. Sollte hierin etwas geändert werden, müssen die sechzehn Deichrichter dies gutheißen.
[1534 wurde auch entschieden, daß die Speterde zur Schließung von Wehlen, welche von außerhalb des Kooges genommen würde, zu bezahlen sei. Dies wurde 1536, 1537 und 1625 genauso gehandhabt.]

Artikel 3

Jeder soll das Speteland bei seinem Deichstück binnen und außen des Deichs begräsen dürfen.

Artikel 4

Kann ein Koog seine Deichlasten nicht allein tragen, sollen die benachbarten Köge nach Erkenntnis der sechzehn Deichrichter vorbehaltlich des Wissens und Willens der Obrigkeit ein Stück Deich nächst zu ihrem eigenen Deiche verfertigen, machen und halten.
[Dieser Artikel ist bereits um 1450 vorbereitet worden, da die bei Art. 1 genannten achtzehn Männer bestimmt haben, daß man 140 Ruten weit über die Hardesgrenze ausfassen sollte. Dies bezieht sich ohne Zweifel auf die Streitigkeiten bei der Bedeichung von Buphever im Jahre 1445.]

Artikel 5

Alle diejenigen, die am Deichstück ihres Nachbarn Erde aufgraben, sollen der Obrigkeit Strafe verfallen sein.

Artikel 6

Wird jemand entdeckt, der Lahnungen (mit Erde aufgefüllte Pfahlreihen) binnen- oder außendeichs abgräbt, es sei denn aus höchster Not, und es geschieht nicht mit Erlaubnis der Deichrichter, der soll der Deichrichter Strafe verfallen sein.

Artikel 7

Wenn ein Koog durch die See überschwemmt würde und Wehlen einbrechen, soll das ganze Land dem Koog wieder zum Bestande verhelfen. Wo aber wegen des Strauchwerks, der Pfähle und was mehr zu beschaffen sei, der Geldaufwand dargelegt wird, sollen die Koogsleute das Material auf des Kooges Kosten verschaffen und bezahlen, ohne die zu entgelten, die ihre Hilfe anboten.
[1522 ist verordnet worden, daß auf die Seedeiche nach Notlage sollen Stacks (Pfähle) gesetzt werden von zehn Ruten zu zehn Ruten, und die dazwischenliegenden

Fächer sollen die Unkosten bezahlen. 1533 wurden alle die, welche sich nicht bei der zu Buphever eingerissenen Wehle hatten einfinden wollen, verurteilt, und es wurde ihnen auferlegt, die Wehle zusammen mit den andern zu schließen. 1560 erging die Anordnung, daß niemand die Stacks auf dem Deiche zerbrechen dürfe.]

Artikel 8

Wenn jemand sein Deichstück vernachlässigt und die Strafe der Deichrichter unbeachtet läßt, dem Kooge also Schaden droht, sollen die Deichrichter nach althergebrachtem Recht den Spaten auf das Deichstück setzen, wodurch die Säumigen ihres Koogslandes verlustig gehen, und die Richter sollen es den nächsten Verwandten, dann den Nachbarn auf beiden Seiten seines Landes, dann dem Kirchspiel anbieten; sollte niemand das Land und die Deichpflicht annehmen, soll der ganze Koog das Land behalten.

[1525 verabschiedete der Nordstrander Rat, daß derjenige, der seinen Deich nicht machen will oder kann, wo er sein Land hat, der solle den Spaten auf den Deich stekken, und wollen seine Verwandten den Spaten nicht ziehen, dann soll die Obrigkeit dies tun und Land und Deich an sich nehmen.

1526 bat der Staller Marquart Seestede (Vertreter der Obrigkeit auf Nordstrand) um die Entscheidung des Rates, ob er das Land mit Recht an sich nehmen dürfe, wo der Deich versäumt werde. Der Rat gestattete die Beschlagnahme, da der Staller dem Säumigen geboten hatte, das Deichstück in Ordnung zu halten.

1613 wurde verordnet, die Säumigen mit Gefängnis o. ä. zu strafen; ebenso sollten sie für die von ihrer Faulheit oder Unfähigkeit verursachten Schäden an benachbarten Deichstücken aufkommen.

1625 erging der Erlaß, daß bei Aufbietung eines vernachlässigten Deichstückes der erste, der sich meldete, den Deich und das Land haben sollte, unabhängig davon, ob er Verwandter, Nachbar oder Fremder sei.]

Artikel 9

Wenn ein Stück Land notwendig aus dem Deichband geworfen werden muß, sollen die Koogseigner des Kooges, denen das Land abgeht, Erstattung bekommen.
[Dieser Artikel widerspricht einer Entscheidung des Rates von 1534. Damals bat Leve Tadesen um die Beantwortung der Frage, ob seine Nachbarn verpflichtet wären, ihm das Land zu bezahlen, das ihm außendeichs geworfen worden wäre, sie aber damit ihr Binnendeichsland bedeicht und ihren Deich von dem ausgeworfenen Land gemacht hätten. Der Rat erkannte darauf, daß Leve Tadesens Nachbarn hierzu nicht verpflichtet wären, weil es im Lande niemals vorher geschehen sei, daß man ausgeworfenes Land (das nun außerhalb der neuen Deichlinie liegt) bezahlt hätte.

Ganz dem Spadelandesrecht entsprechend, wurde 1625 nach dem Zurückziehen der Deichlinie des kleinen Kooges auf Pellworm entschieden, daß das ausgeworfene Land zu bezahlen sei; 1632 erging in einem anderen Fall der Bescheid, daß von solchem Lande kein Landgeld mehr gegeben werden müsse.]

Artikel 10

Wenn ein Stück Land eingedeicht wird, soll das geschehen mit Hilfe des ganzen Landes dematdematsgleich. Wenn der Koog dann gewonnen ist, soll das neue Land jedem nach der Zahl der gestellten Sturzkarren zugeteilt werden, aber nur mit Vorwissen der Obrigkeit und vorbehaltlich der Zahlung der jährlichen Abgabe zur rechten Zeit.

Artikel 11

Wenn ein neuer Deich des eroberten Kooges zu einem vollen Seedeich erklärt wird (dies geschieht nach dreijährigem Bestand), sollen diejenigen, deren Deiche nun nicht mehr Seedeiche (also Mitteldeiche) sind, so viel im neuen Seedeich ausfassen, daß sie ihr volles Maß bekommen gleich dem neuen Lande nach Erkenntnis der sechszehn Deichrichter. Es sollen diejenigen, die ihr Maß im neuen Deich erhalten, ihren Seedeich oder Mitteldeich als Erbgut behalten und des mächtig sein. Die Mitteldeiche auf hamscherigen Land sollen dem ganzen Kooge zum Besten sein.

[1624 wurde der Antrag der Landschaft auf Verschonung von Lasten an den neugeschlagenen Deichen vom Herzog abgeschlagen.]

Artikel 12

Die Seedeiche sollen, vom Kamm an zu rechnen und zu messen, bis gegen den Deichriegel (Deichschott) vier Ruten breit sein, und binnendeichs eine Rute. Ein jeder soll nach seinem Maß das Deichschott graben und verfertigen und die Erde gegen den Deich aufwerfen, worauf die Deichrichter fleißig achten sollen.

Artikel 13

In den Kögen sollen die Deichrichter zu allererst ihre Deiche fertigen, wenn sie schwere Strafe und fürstliche Ungnade vermeiden wollen. Wird aber unter ihnen einer gefunden, der sein Amt vernachlässige, so daß dem Kooge dadurch Schaden begegne, dessen Güter seien dem Herzog verfallen und er selbst werde als Meineidiger behandelt.

[1534 sind die säumigen Deichrichter unter Strafe gestellt worden, als bei Westerwolt eine Wehle einriß.]

Artikel 14

Wo zwei Nachbarn um ein Stück Deich streiten, sollen beide von den Deichrichtern gepfändet werden. Dann soll das Maß festgestellt werden, und wer danach den aufgeworfenen Deich machen und instandhalten soll, hat dem andern das Pfand wieder einzulösen; außerdem soll er der Obrigkeit zehn Gulden und den Deichrichtern sechs Mark geben.

[1534 ist der Bescheid ergangen, daß die Hilfe zu geschehen habe auch ohne Bescheid, wenn die Not groß ist;

1535 wurde publiziert, daß ein streitiger Deich erst zum Seedeich gemacht werden soll, danach erst die Maße festzustellen wären.]

Artikel 15

Derjenige, der mit Absicht Land unterschlägt, um weniger Deichlasten zu bekommen und mit dem Koogsregister überführt werden kann, verliert sein Land an die Obrigkeit.

Artikel 16

Wo die Deichrichter und Deichgeschworenen zu pfänden befugt sind und das Pfand binnen Jahresfrist nicht eingelöst wird, soll das Pfand verfallen sein.

[1602 ist verordnet, daß die Geschworenen in der Edoms- und Beltringharde auf vier Jahre ihr Amt ausüben sollen; danach hat der Deichrichter einen neuen zu verordnen.

1622 ist von den sechzehn Deichrichtern verabschiedet, daß der Hauptgeschworene wenigstens drei Jahre bei seinem Amte bleiben muß und ihm nichts zu erlassen sei, während es bei den schlichten Geschworenen bei altem Brauche bleiben solle; in Pellworm soll ein normaler Geschworener drei Jahre und ein Hauptgeschworener zehn Jahre lang im Amte sein.]

Artikel 17

Niemand soll den Deichrichtern oder Deichgeschworenen die Pfändung verweigern, sondern sie gewähren lassen bei Vermeidung fürstlicher Strafe und Ungnade.

Artikel 18

Alle Einwohner im Strande, die Land besitzen, sollen den Deichrichtern in allem gehorchen, sonst werden sie an Leib und Leben gestraft.

[1515 klagte Broder Thießen im Namen seines Sohnes über Fedder Paisen, Leve Hansen und ihren Mitkumpa-

nen, daß sie den Deichrichtern Widerstand geboten haben und von den Pferden jagten, als um Deich und Dämme richten wollten. Der Staller Wunke Knutzen bestätigt, daß er im Namen des Herzogs den Deichrichtern Deich und Damm in die Hand verpflichtete, wie seit Vorzeiten seit über 100 Jahren ein Recht im Strand gewesen ist. Nach Landrecht und bezeugter Tat sind die Übeltäter an Leib und Leben zu strafen.
1534 ist beliebt worden, daß die Deichgeschworenen und alle Mann den Deichrichtern bei Strafe gehorsam sein sollen; diese haben auf Gehorsam zu achten und die Ungehorsamen zu strafen, ansonsten falle die Strafe auf sie selbst. Ungeeignete Geschworene, die nicht ihr Recht gegen Straffällige wahrnähmen, sollen durch neu vom Deichrichter bestimmte Geschworene ersetzt werden. 1553 ist einer, der den Deichfrieden gebrochen, an Leib und Gut gestraft worden.]

Artikel 19

Was hiervor von Deichen, Dämmen, Deichrichtern und Geschworenen gesagt ist, soll entsprechend für Siele, Schleusen, Wege und Stege gelten, bei Strafe an Leib und Gut.

Artikel 20

Wenn die Seedeiche verfertigt sind, sollen alle Mitteldeiche erhöht und verbessert werden, und es soll niemand bei Strafe die Mitteldeiche bepflügen und besäen. [1619 wurde für dies Vergehen Gefängnis und Verlust des Korns angedroht, ebenso 1622.]

Heimreich erläutert in seiner Chronik das Amt der Deichrichter und Geschworenen folgendermaßen: „Es sein auch zur auffsicht auff die teiche sechszehen Teichrichtere verordnet worden / die nach dem Spadelandes recht und andere vorgestelete teichordnung alle streitigkeit / zweiffel und irrthüme zwischen köge und kirchspiele nach billig= und gelegenheit der sachen ge-

richtet und entschieden. So hat auch ein jeder kog einen besonderen Oberhauptmann oder Teichgräven gehabt / dem seine Unterhauptmänner und teicheidigen sein attribuiret und zugeordnet / von welchen die ungehorsamen / seumigen und böse teichere gestraffet worden." Wie sich leicht nachweisen läßt, hat Heimreich diese Passage aus der Beschreibung Nordstrands von Johannes Petersen entlehnt, dessen Schilderung des Deichwesens zum Schluß überleiten soll:
„Weil aber Nordstrand vom salzen Wasser allenthalben umringt ist, und also vom Wasser und des Meeres Ungestüm alle vierundzwanzig Stunden Tag und Nacht zu zweimalen von den Feinden des „heiligen" Landes, wie wir hier sagen, angelaufen und bestürmt wird, haben die Einwohner zur Gegenwehr große Deiche aufgeführt, die alle Jahr, ja, alle Wochen und Tage erneuert und verbessert werden. Die Deiche sind sechs oder acht, auch 12 Ellen hoch und haben dieße Gestalt:

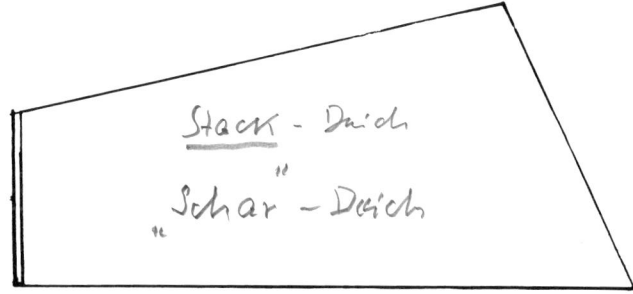

Vom Kamm abwärts zum Fuß ist die Breite etwa 32 Ellen, und der Deichfuß ist an der flachen Seite nächst dem Wasser mit Holz und großen Pfählen dicht zusammengefügt, innen mit Brettern und vorgesetztem Rasen abgedichtet, damit die gegengebrachte Erde vom Ansturm des Wassers nicht sobald herausgespült wird. An dem Ort nächst dem Wasser sind die gestackten Deiche 3, 4, 5, ja, an etlichen Stellen sechs Ellen hoch. Was nun an Fleiß, Mühe, Arbeit und Unkosten aufgebracht wird, um den flachen und gestackten Deich zu machen, verbessern und bei Macht zu erhalten, ist schier unglaublich, man schätzt die Kosten auf mindestens 34 000 Mark im Jahr."

Nach einem Verzeichnis von 1581 hatte Nordstrand eine Deichlänge von über 19 000 Ruten, davon bestanden etwa 5500 Ruten aus dem gefährlichen Stackdeich; darunter waren besonders anfällig die hohen Torfdeiche der Kirchspiele Eveßbüll und Rörbek, die nur durch 24 Schuh lange eichene Balken, außen vor dem Deich gesetzt, zu halten waren. Bei Illgroff gab es einen Deich mit doppeltem Stackwerk.

Deicharbeiten bestimmen auch die Notizen der Strander Annalen, die folgendes vermelden:

„Anno 1612: Wie schon in den vorhergehenden Jahren hat man mit dem neuen Hambüllinger Koog zu tun gehabt, ihn einzudeichen. Im selben Jahr ist das Illgroffer Siel in einem Sturm aufgetrieben und hat sich zu einer Wehle entwickelt, die merklichen Schaden an ausstehendem Korn und Bohnen verursachte. Damals waren dort Vollmächtige und Deichrichter Fedder Martensen, Obbe Backsen und Nommen Boysen. Die Wehle wurde zwar geschlossen, doch wenig später wieder durchbrochen, als ein ungestümes Hochwasser auflief; dabei entstand auch eine Wehle bei Brunock, die anfangs nicht gefährlich war, da man sie durchwaten und überspringen konnte. Hernach ist auf St. Ursulatag (21. Oktober) das salze Wasser in Bupsee, Bupschlut durch den Moordeich und bei Neubuphever durch die Seitwende eingebrochen und es sind Pellworm und der neue Hambüllinger Koog voll gegangen, welche alsobald wiedergewonnen wurden, aber auf St. Thomastag (21. Dezember) ist das Wasser durch den ganzen Moordeich haufenweise eingebrochen, so daß der mittelste Bupheveringer Abschnitt bis auf den Tag Reminiscere (3. März) unter dem salzen Wasser stand. Damals nahmen Wintersaat und Torfmoor großen Schaden.

Anno 1613 ist bei Balum zwischen Buphever und Pellworm von vornehmen Leuten ein neuer Koog eingedeicht worden durch einen mit Namen Eckert Sperforck, der von den Landleuten auch den Auftrag bekommen hatte, die Wehle zu überdeichen, womit er jedoch nicht gleichzeitig fertig werden konnte, sondern mit seinen unnützen Versuchen nur viel Geld ausgab. Darum haben sich die von Illgroff um ihre Seitwende und Mitteldeiche, die von Buphever um ihre Seitwende und die von Bupsee um ihren Moordeich gekümmert und besaßen so zwei Jahre trockenes Land. Aber an der Wehle ist nichts zu tun und zu gewinnen gewesen; die Brunocker und ihre Nachbarn sind in großer Not und großem Jammer gewesen, weil Ebbe und Flut bei ihnen ein- und ausging. Anno 1615, den 1. Dezember, erhob sich in der Nacht schnell und plötzlich ein Sturm und Unwetter und brachte mit sich überaus hohe und große Fluten, so daß das salze Wasser daherbrauste, über das ganze Land hinweg (Pellworm und Trindemarsch ausgenommen). Daß dieser Jammer und dies Elend da gewesen ist, kann nicht ohne Tränen gemeldet werden von denen, die diese Not gesehen und darinnen gewesen sind. Was damals an Menschen, an Vieh, Häusern und Hausgerät, Torfmoor und ausgesäter Wintersaat verloren ging, ist unaussprechlich. Bei 300 Menschen, jung und alt, sind im salzen und kalten, brausenden Wasser in derselben Nacht so schnell und eilig ertränkt worden, daß man danach etliche aufgefunden, die ihr Hemd gerade halb anbekommen hatten, woraus entnehmbar ist, wie schnell sie vom Wasser überrascht worden waren.

Etliche sind mit ihren Häusern und allem weggetrieben. Wer kann den großen Jammer beschreiben, das Heulen und Klagen der kleinen Kinder und der alten Leute, die in der dunklen Nacht dem bitteren Tod und dem kalten, brausenden Wasser nicht entfliehen konnten.

8 Windmühlen sind in dem Sturm niedergefallen, zwei Kirchen zu Stintebüll und Brunock ebenso. Ja, die Toten, die viele Jahre geruht und geschlafen, sind vom reißenden Wasser aus der Erde herausgespült worden, ihre Knochen wurden über das ganze Land gespült.

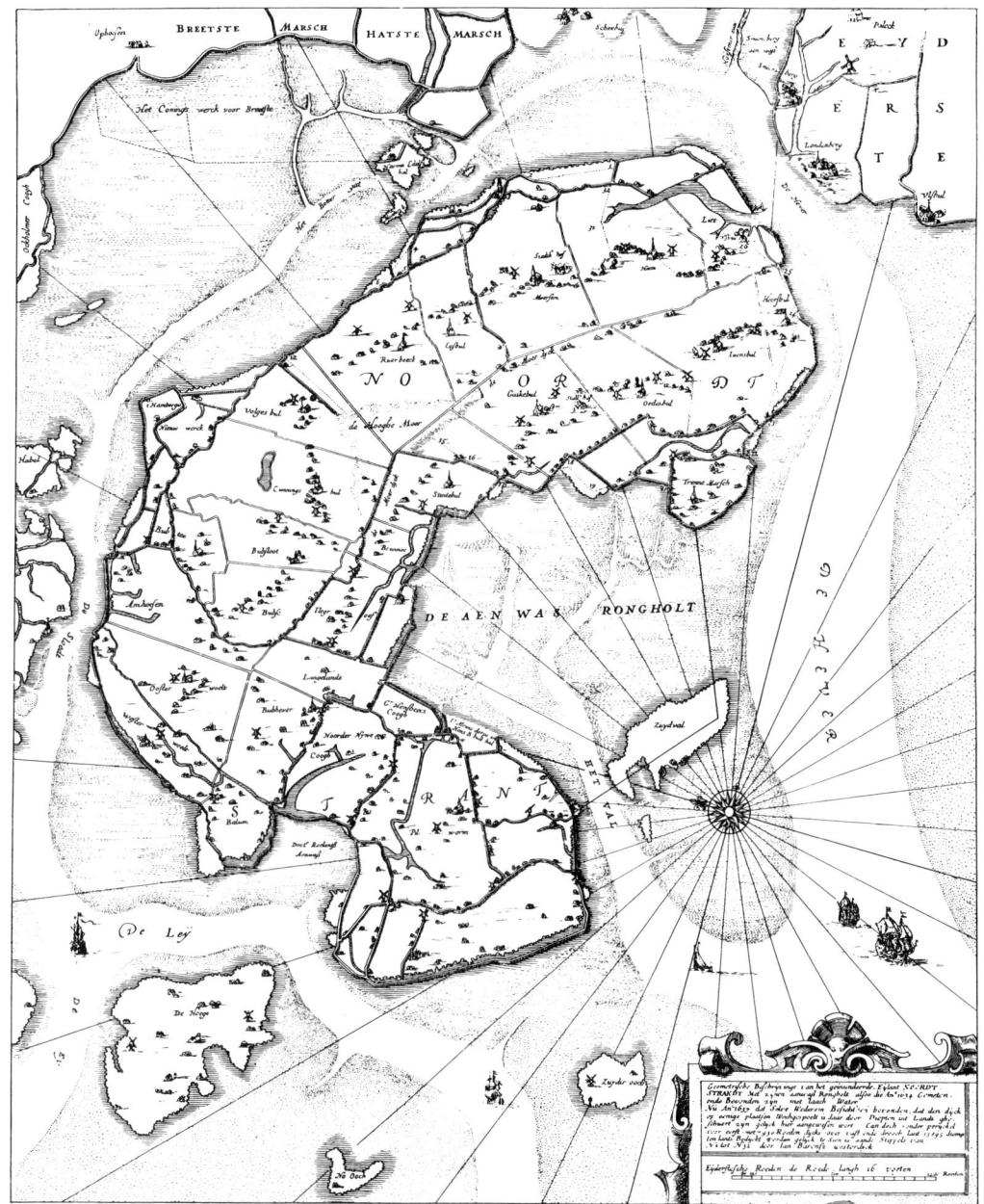

Jan Berends' Karte
von Nordstrand 1634
bzw. 1637

Es sind in der Zeit viele zu Stranddieben geworden, denn zahlreiche vom Gesinde, die sich an Beute und Raub erfreut, haben ohne alle Scheu Kisten und Kasten aufgebrochen, ja, wenn sie einen Ertrunkenen fanden, der Geld bei sich hatte, nahmen sie ihm dieses ab und zerrten ihn wieder in die See zurück.

40 Wehlen sind eingerissen, und der Schaden war so groß, daß viele nach dem Verlust ihrer Güter darvon gefahren und dem Lande Lebewohl gesagt haben; viele sind in großer Armut weggezogen.

Anno 1616 hat sich die Obrigkeit des Elends angenommen und Johan Clauß von Coten zum Deichgrafen bestimmt, der die Deiche wieder schließen konnte. Mehr als 80 000 Taler waren verdeicht worden. Zu diesem Geld hatte Herzog Friedrich den Landleuten verholfen. Was also an Schulden den einzelnen Kirchspielen ist auferlegt worden, ersieht man daraus, daß jedem Demat in Bupsee, Buptee, Bupschlut, Königsbüll und Volligsbüll eine Last von 21 Mark aufgebürdet war.

Anno 1616 ist eine Prophezeiung gefunden worden und 1617 ins Land gekommen, in der u. a. zum Jahre 1630 gesagt wird, daß die Welt in ihrem Lichte vergehn und ein Ende nehmen würde."

1617 ahnte noch niemand, daß nach dem erfolgreichen Überstehen der Fluten um 1625 und 1630, der Meinung, die Deiche seien nun wiederhergestellt und stark genug, das salze Wasser im Jahre 1634 das Land Nordstrand vernichten sollte.

Maße und Preise um 1620:

1 Taler	= 3 Mark
1 Mark	= 16 Schilling (β)
1 Schilling	= 12 Pfennig
1 Rute	= ca. 4,8 m
1 Elle	= ca. 57 cm
1 Schuh	= ca. 29 cm
1 Paar Schuhe	= 15 β
1 Dz Roggen	= 5 Mark
täglicher Lohn eines Handwerkers	= 1 Mark

Boy Hinrichs

Die Landverderbliche Sündenflut

Erlebnis und Darstellung einer Katastrophe

Die Sturmflut von 1634 ist die erste in der an solchen Ereignissen nicht gerade armen Geschichte Nordfrieslands, die von den Zeitgenossen als *Sündenfluth* bezeichnet wird. Frühere Fluten werden allenfalls im nachhinein von den Chronisten mit diesem alttestamentlichen Begriff belegt.

In ihm drückt sich die ungeheuerliche Größe der angerichteten Schäden aus, die das Maß des bislang Erlebten, aber wohl auch des bislang Vorstellbaren überschreitet. Zugleich enthält der Begriff eine Deutung der Flut – eine theologische Deutung. Gerade wegen ihrer katastrophalen Auswirkungen wird sie als Strafgericht Gottes aufgefaßt, und zwar des unbarmherzigen, gnadenlosen Gottes des Alten Testaments.

Von den betroffenen Marschbewohnern, die die Flutkatastrophe überlebt haben, sind nur wenige in der Lage, ihre Erlebnisse niederzuschreiben oder sogar literarisch zu gestalten. Das liegt keineswegs nur an mangelndem Sachverstand oder auch daran, daß der Großteil der Bevölkerung kaum oder gar nicht lesen und schreiben kann, sondern vor allem daran, daß etwas anderes wichtiger ist: die Sicherung der elementaren Existenzgrundlage.

Dennoch sind Zeugnisse überliefert, in denen das ganz offenkundig eigene Erlebnis der Flut literarisch gestaltet und zum Teil auch durch den Druck verbreitet worden ist. Der Nordstrander Prediger Matthias Lobedantz schreibt zwei Predigten, der ebenfalls aus Nordstrand stammende Lobbe Obbesen, Küster und sicherlich auch Schulmeister (die Ämter werden zumeist von einer Person ausgeübt), verfaßt ein Lied, zwei weitere Lieder werden von der in Eiderstedt geborenen Anna Ovena Hoyers geschrieben, der Witwe des Stallers Hermann Hoyer, die zudem eine durchaus bekannte Autorin ist. Ausgerechnet ihre Lieder sind nur in einer Handschrift überliefert.

In allen diesen Zeugnissen wird die Katastrophe beschrieben – am genauesten und eindrucksvollsten von Matthias Lobedantz – und gedeutet. Den Deutungen liegt das Muster der *Sündenfluth* zugrunde, freilich in völlig unterschiedlichen Akzentuierungen. In ihnen spiegelt sich die Haltung des jeweiligen Autors. Der Prediger Lobedantz äußert sich als selbstbewußter, ungebrochener Geist, der die Strafe Gottes keineswegs ohne Widerspruch hinnimmt. Ganz anders Obbesen, der eher wehleidig lamentiert. Und wiederum anders die Hoyers, die die Katastrophe triumphierend als angebrochene Endzeit begrüßt.

Matthias Lobedantz. Prediger in dem verwüsteten Lande

Nur kurze Zeit nach der Burchardi-Flut hält Matthias Lobedantz, Pastor im Nordstrander Gaikebüll, der die Katastrophe miterlebt und vor allem überlebt hat, vor seiner Gemeinde eine *KlagPredigt. Auff rath vnd ansuchen frommer vnd vornehmer Leute* veröffentlicht er sie noch in demselben Jahr. Er hinterläßt damit ein gewichtiges literarisches Zeugnis. Es ist die Mischung aus der Darstellung des unmittelbar Betroffenen und der Deutung aus der Sichtweise des (protestantischen) Geistlichen. Das Ganze ist eingebettet in den vorgegebenen Rahmen der Predigt, unterliegt also gewissen rhetorischen Regeln. Im Gegensatz zu seinem Flensburger Amtskollegen, dem Diakon Paul Walther, der ebenfalls bereits im Jahre 1634 eine *SturmPredigt* hält und veröffentlicht, handhabt Lobedantz diese Regeln überaus souverän. Abgesehen von einigen Kuriositäten, die Anton Heimreich in seine *Nord=Fresische Chronick* aufnimmt, ist die Predigt Walthers unergiebig. Ihr fehlt das, was die Qualität der Lobedantzschen ausmacht: die Authentizität der eigenen Erfahrung und die Kompetenz des geistlichen Interpreten.

Worum es geht, verrät der ausführliche barocke Titel: „Ach vnd Sache Des im Wasser ertrunckenen Marschlandes NordStrand. Das ist: VOn der übergrossen vnd grawsamen Wasserfluth / Welche auß verhängnuß Gottes / zu Nacht zwischen den 11. vnd 12. Octobr. dieses Jahrs / in den reichen schönen Marschländern der beyden Fürstenthümben Schleswig vnd Holstein grossen Jammer angerichtet: besonders aber in den Nordstrand eingebrochen / Acker vnd Wintersaat verderbet / die Wohnhäuser niedergeschlagen / sehr viel Vieh weggeführt vnd die Feldfrüchte verspildet / auch etliche Tausent Menschen elendiglich ersäuffet hat."

Lobedantz thematisiert die Klage und ihren Gegenstand: den Zustand des durch die Burchardi-Flut zerstörten alten Nordstrand.

Sturmfluten, auch größere, bei denen Deichbrüche zu verzeichnen sind und erhebliche Zerstörungen angerichtet werden, Vieh umkommt und Tote zu beklagen sind, gehören zum Alltag der Marschbewohner. Sie werden von den Chronisten verzeichnet, die stärkere von 1615 hat sogar ein literarisches Echo hervorgerufen (erhalten sind Lieder von Leve Johanßen und Mumme Harrsen, verschollen ist eines von Johannes Schmidt). Diese aber übersteigt das Maß des bislang Erfahrenen. Sie ist übergroß und grausam. Sie kann nur als von Gott verhängtes Strafgericht verstanden werden, als, wie Lobedantz bereits in der Vorrede anführt, *Sündenfluth.* – Der Chronist Heimreich widmet ihr ein eigenes Kapitel, dessen Titel denselben alttestamentlichen Ausdruck aufnimmt. Er spricht von der *Landverderblichen Sündenfluth.* Lobedantz übernimmt den Ausdruck jedoch nicht unreflektiert aus dem Alten Testament, sondern begründet ihn, wie noch zu zeigen sein wird, ausführlich.

Die Flut entfaltet ihre verheerende Wirkung in einer einzigen Nacht, die Lobedantz, auf Genauigkeit bedacht, exakt datiert. Sie zieht die gesamten Marschländer Schleswigs und Holsteins in Mitleidenschaft, die größten Zerstörungen aber betreffen Nordstrand. Die Flut kommt einer Katastrophe gleich. Auch dies drückt Lobedantz im Titel aus: das Wasser ist eingebrochen. Es hat die Deiche, Schutzwälle gegen die See, zerstört. Dabei sind nicht nur Tausende von Menschen umgekommen. Es hat Äcker und die eingebrachte Wintersaat, Häuser, Vieh und die Ernte vernichtet. Daß Lobedantz dies anführt, noch bevor er die Ertrunkenen erwähnt, hat nichts mit Pedanterie zu tun. Er weiß, wovon er spricht. Den Überlebenden ist zunächst einmal die Lebensgrundlage entzogen – wie radikal und wie irreparabel, kann er noch nicht übersehen. Das ist erst im nachhinein möglich. Als erster wird Heimreich darüber berichten.

Anlaß zur Klage ist im Übermaß vorhanden. Daß Lobedantz sie mit dem *Ach* an den Eingang seines Titels setzt, ja daß er seinen Text als *KlagPredigt* ausweist, ist gar nicht selbstverständlich. ‚Normal‘ wäre eine Bußpredigt, die die Katastrophe als exemplarischen Anlaß nähme, um zur Umkehr vom sündhaften Leben aufzurufen. Nun kommt auch dieser Aufruf in der *KlagPredigt* keineswegs zu kurz. Und die gemeinsam mit ihr gedruckte *VnterrichtsPredigt* stellt ihn ins Zentrum. Im Exordium, dem Anfangsteil, heißt es lakonisch und drastisch: „Ihr lieben Leute / die ihr in diesem Marschländlein wohnet / müsset entweder zur hertzlichen Busse vnd bußfertigem Gebet euch schicken / oder es ist auß mit euch / vnd verlohren mit dem Nordstrand.“

Aber auch diese Predigt heißt nicht Buß-, sondern *VnterrichtsPredigt*, nur an ihrem Ende spricht Lobedantz einmal vom *BußpredigTextlein*. Hier will der Geistliche die Überlebenden darüber belehren, wie sie sich verhalten sollen, damit der verbliebene Rest nicht auch noch vernichtet wird. Der Aufruf zur Buße ist mithin zweckgebunden-realistisch, er soll, so ausdrücklich an einer Stelle dieser Predigt, *mit gewissem Nutzen abgehen*. Dem Beklagen des *trawrigen Zustands* der Insel folgen genaue Verhaltensmaßregeln, damit wenigstens dieser Zustand erhalten bleibe.

Dahinter steht die Unfaßbarkeit der Katastrophe und der Tatsache, daß sie ausgerechnet Nordstrand so überaus hart getroffen hat. Dahinter steht aber auch ein gewisser Trotz, der das Unfaßbare nicht einfach – klaglos – hinnimmt. Das ist die Haltung, die die Bewohner der Marschländer dazu veranlaßt, die ständigen Bedrohungen durch die Nordsee, die damals noch Westsee heißt, nicht einfach in fatalistischer Gottergebenheit hinzunehmen, sondern sich aus eigener Kraft zu wehren: durch den Bau von Warften, vor allem aber von Deichen. Mögen sie zu dieser Zeit auch noch so unzulänglich sein – und vor allem die an der Seeseite steilen Stackdeiche sind es –, mögen sie auch noch so oft durchbro-

chen und zerstört werden, gerade daß *trotz* ständiger Rückschläge und *trotz* immenser unwiederbringlicher Landverluste immer neue Deiche gebaut werden, ist augenfälliges Zeichen dieser Haltung. Dies gilt, obwohl der Deichbau seit einiger Zeit auch zu einem äußerst kapital- und personalintensiven Geschäft geworden ist, bei dem der Landesfürst und Holländer eine maßgebliche Rolle spielen. Denn es sind die Bewohner dieses Landes, die sich den Naturgewalten nicht beugen. Tun sie es dennoch, verlassen sie ihr Land, muß es schon sehr hart kommen. Nach der Flut von 1634 ist das der Fall. Zwar ist die Klage nur schwacher Ausdruck dieses Trotzes, aber sie ist einer. Und zwar gerade deshalb, weil sie aus einer Situation der völligen Ohnmacht des Menschen heraus entsteht. Dennoch muß sie gerechtfertigt werden. Lobedantz unternimmt es auch hier im Exordium:

„Ey so wird denn vns vnd vnsern Miteinwohnern hiesiges Landes kein rechtschaffener Christ verargen / das wir vnsern bekümmerten Hertzen das Seufftzen vnd Klagen eine weile gestatten / vnnd mit denen weinen / die sich mit vns über vnserm Elend besprechen.“

Durch Groß- und Fettdruck hervorgehoben, durchzieht das *Ach / Ach vnd aber Ach!* der Klage über das Elend den gesamten Predigttext. Das Elend ist so groß, daß Lobedantz, und mit ihm andere, es zweifelsfrei als Anfang des Endes, als Beginn des im Alten Testament prophezeiten Weltuntergangs deutet: *OHn zweiffel sein nunmehr herbey kommen die letzten Zeiten.*

Das Ausmaß des Elends ist statistisch erfaßbar. Nach der Predigt wendet Lobedantz sich *an den Leser:*

„Es sind aber erhebliche Vrsachen / warumb ich ein SpecialVerzeichnus des Schadens hinbey fügen wollen / wie zum theil ichs selber erkündet / zum Theil durch des Landes Gevolmächtigen mir Kundschafft ein gebracht.“

Lobedantz belegt Gegenstand und Grund seiner *KlagPredigt* durch Daten. Ihre Verläßlichkeit ist durch die eigene Kenntnis und offizielle Ermittlungen gesichert.

Für jedes einzelne Kirchspiel – ein Großteil mit der Burchardi-Flut dem endgültigen Untergang geweiht – gibt Lobedantz in zwei Kolumnen die Zahl der ertrunkenen Menschen und der weggetriebenen Häuser. Er kommt auf *die gantze Summa derer / welche leider! plötzlich vnd sehr erbärmlich vmbkommen ist*, von 6123, die der Häuser macht 1336 aus. Letztere ist mit einiger Sicherheit festzustellen (andere geben 1339 an), erstere nicht. Die Zahlen variieren. Heimreich etwa hat 6408, der Küster Lobbe Obbesen 6222. Vermutlich stimmt keine der Zahlenangaben, sind sie alle zu niedrig gegriffen. Erfaßt werden können nur die Einheimischen. Im Land aber sind viele Fremde. Es ist Oktober, die Zeit, in der das letzte Getreide eingebracht wird, um es dann zu dreschen – im Verlauf des Winters für den eigenen Bedarf, jetzt für den Export. Das alles ist eine sehr personalintensive Angelegenheit. Für das Schneiden (selbstverständlich per Hand mit dem Hauergeschirr) des Getreides, Binden und Aufstellen der Garben, Einfahren und Ausdreschen (mit Dreschflegeln) reichen die ansässigen Arbeitskräfte nicht aus, zumal das Getreide in diesem Jahr, wie Heimreich eigens berichtet, *sehr häuffig war gewachsen / unnd reichlich eingesamlet*. Außerdem sind viele Arbeiter beim Deichbau beschäftigt, *von derer Anzahl man so eben keine Gewißheit hat haben können*, so wiederum Heimreich. Die Zahl der Toten gilt mithin *vthbenömet alle dat frembde Volck so domals in dem Lande gewesen sind*, wie Lobbe Obbesen schreibt, bzw., so differenzierter Friedrich Hermann Hoyer in einem Zusatz zur Niederschrift der Lieder seiner Mutter, *außgenommen der frembden / und Arbeiter so auß den Morkoog und ander orthen kommen die Ihr Kost Jährlich mit Mehen, getreideschneiden, dreschen und deichen verdienen.*

Der Tod der zugereisten Saisonarbeiter, der Besitzlosen, ist nicht einmal registrierbar. Lobedantz geht in seiner Zusammenstellung nicht darauf ein. Seine ertrunkenen Amtskollegen, neun an der Zahl, führt er dagegen sogar mit Namen an.

Im folgenden gibt er eine Übersicht über die Sach- und Viehschäden. Er erwähnt die angeschlagenen Kirchen und die sechs zerstörten Glockentürme. Wichtiger ist, daß 28 Windmühlen *vmbgefallen* sind, so daß kaum noch welche übrig sind. Ein nicht ganz unwichtiger Wirtschaftszweig ist so gut wie vernichtet. Er wäre es wohl ohnehin. Wahrscheinlich haben nicht einmal die erhaltenen Mühlen, wenn sie denn wieder einsatzfähig gemacht werden, genügend Getreide zum Mahlen.

„Das der grösser theil des schönen reichen LandSegens vernichtet vnd weggeschlagen / ist nimmer gnug zubeklagen / wie dann derselbe nicht men zugleich mit den ertrunckenen Haußwirthen gantz weggangen / besondern auch die nachlebenden haben von jhren Feldfrüchten viel gemistet / das freilich der Schade hieran / wie deßgleichen an allerhand Mobilien vnd Victualien / so mit verlohren / wol vnaestimirlich."

Er fährt fort:

„Der Verlust an Pferden / an Ochsen vnd Kühen / jungen Stieren vnd Kälbern / an Schaffen vnd Schweinen ist gleichfals gar zu groß / vnd ein Jammer anzusehen gewesen / denn man derselben wol 50. Tausend stück achtet verlohren sein.

Der Schad / so an Torff oder Mohrland geschehen / ist auch vbergroß / weil nicht men gantze Acker weggetrieben / sondern das vbrige viel von einander gerissen / vnd sehr verderbet ist."

Des weiteren führt Lobedantz an, daß die Deiche an 44 Stellen gebrochen seien, und nennt er die vier gefährlichsten Stellen, *als dadurch noch täglich das saltze Wasser ins Land vnd wider außläufft.*

Dies ist nicht mehr nur nüchterne Statistik, sondern die resignierte Beschreibung des Elends aus der Sicht des Betroffenen. Das reiche Land, dessen Fruchtbarkeit in den Berichten der Chronisten geradezu sagenhafte Dimensionen annimmt, ist von Grund auf verwüstet. Das Werk der Verwüstung wird vervollständigt durch die tägliche Flut, die durch die vier großen Wehlen ungehindert das niedriggelegene Marschland überschwemmen kann. Die Katastrophe ist komplett. Das wird noch einmal unter einem anderen Blickwinkel im letzten Absatz des ‚Verzeichnisses‘ von Lobedantz deutlich:

„Wie viel Menschen noch jetzo im Leben / weiß ich nicht eigentlich zu melden / doch habe ich nicht ohn Bestürtzung gelesen / das in offenem Truck spargiret / es solten nur 400. übergeblieben sein. Ich vermuthe daß erhalten sein wol vber anderhalb tausend.“

Lobedantz artikuliert seine Betroffenheit über eine allzu niedrig angesetzte Zahl der ‚Übergebliebenen‘ und korrigiert sie sehr vorsichtig. Diese Betroffenheit und auch die von ihm geschätze Zahl lösen ihrerseits Betroffenheit aus: danach ist der überwiegende Teil der Bevölkerung ausgerottet. – Nun mag es sein, daß die Vermutung von Lobedantz zu niedrig gegriffen ist. Heimreich spricht von 2500 Überlebenden und führt eine andere Schätzung an, nach der 2633 die Flut überstanden haben. Dennoch bleibt, daß etwa zwei Drittel der Einwohner umgekommen sind, eine immens hohe Quote. Und welche Zahl letztlich die ‚richtige‘ ist, bleibt ungewiß. Denn es ist nicht klar, ob die unmittelbar dem Ertrinken Entgangenen gemeint sind oder auch die mittelbar von der Katastrophe Getroffenen. Legt man die zweite Möglichkeit zugrunde, dürfte eher die von Lobedantz geschätzte Zahl treffen. Heimreich schildert das Schicksal der Überlebenden,

„deren einige bisher im Lande geblieben / andere in benachbarten Länderen sich haben niedergelassen / und ein gut Theil derselben sich nacher Holland begeben / unnd daselbst der mehrer Theil sich bey Handwercken / ein Theil zur See / und auff der Schiffahrt / auch andere bey anderer Handarbeit bestellen lassen / derer hernach ein Theil nach dem geendigten dreißig jährigen Kriege in Teutschland sich von dannen in dem ChurFürstenthum Brandenburg in der Uckermarck erhaben / daß also die annoch übergebliebene Nordstrandingers wundersamer Weise in der Welt seyn zerstreuet.“

Der Großteil der Überlebenden ist besitzlos bzw. ihr Besitz wertlos geworden. Sie sind nicht mehr aus eigener Kraft imstande, die entstandenen Schäden zu reparieren. Bei anderen im Lande können sie ihren Lebensunterhalt auch nicht verdienen, jeder dürfte kaum genug für sich selbst haben. Die Zahl der Überlebenden reduziert sich also noch einmal erheblich durch Auswanderungen.

Das alte Nordstrand ist zerstört, von seinen Einwohnern ist nur ein verschwindend kleiner Rest *übergeblieben*. Einen Eindruck über ihre verzweifelte Lage vermittelt die Art, in der die der *KlagPredigt* hinzugefügte Übersicht unterzeichnet ist: *MATTHIAS Lobedantz Prediger in dem verwüsteten Lande.*

Lobedantz beschreibt ausführlich die eine Nacht, in der die Verwüstung zustande kommt:

„Es war Sonabend / den 11. des Monats Octob. als sich das Wetter / welches eine Zeit hero schön vnnd still gewesen / beginnete zu enderen / vnd früh für Tag ein Regen zufallen: doch klärete sich der Morgen wieder auß vnnd war ein lieblicher Sonnenschein biß vmb 10. da ward es wolckich / vnnd auff den Mittag regenicht / dabey der Wind sich erhub / vnnd gegen Abend zimblich stärck sausete. Doch war woll niemand / der sich einiger Gefahr vnd Schadens versahe / ob rede vmb 8. das Brausen sich mehrete / denn Dämme vnnd Teiche statlich verfestiget / vnnd man solches Sturmens hiebeuor mehr gewohnet war.

Vmb 9. doch ward der Wind stärcker vnd sehr stössig / der wie ein ergrimmter Feind / gleichsam mit blossem Rappier das Meerwasser jagete vnnd seine Wällen trieb / daß sie (inmassen etliche mit jhren Augen gesehen) wie grosse dicke Bäwme eine über die ander sich weltzend / in geschwinder Eyl etliche Ellen hoch / vnd sehr vngestümblich Dämme vnd Teiche hinanstiegen / auch der armen Leute kleine Häußlein vnter dem Teiche niederschlugen.

Vmb 10. alsbald ist woll der erste Einbruch des saltzen Seewassers zu Stintebull geschehen: wenig für 11. aber vermerckete mans hie zu Gaykebull: Da es dann Schlöte vnnd Graben mit der hast belieff / vnnd also im Lande dainnen stieg / daß sichs über vnd über ergoß / vnd viel Vieh vnd Feldfrüchte bey den Häussern hinwegrisse.

Mit eben der Ebbe / war dieses Orts vmb 2. nach Mitternacht / alß vermuthlich die hohen Kämme vnserer Teiche abgeschlagen / ja dieselben an gar vielen Ortern biß auff den Fueß / auch eines theils tieff in der Erden abgesturtzet / da sahe man das Wasser vnglaublich hoch sich schwellend zu vns in vnsere Häuser kommen / vnd so geschwinde wachsen / daß / wo wir forttraten / es auff den Fueß vns nachfolgete / vnd trieb zu ergreiffen waß wir konten / vnd damit dem Boden zuzueylen. ...

Allein muß ich sagen / daß vnsers Hertzens Angst sehr sehr groß vnd manigfaltig / als die wir des Wassers halben bekümmert / darinn wir mochten ertrencken / auch des Fewers vns musten besorgen / welches etwa mit auff den Boden genommen bey so strengem Winde leicht möchte verwarloset werden / Inmassen leider! an etlichen Ortern geschehen ist."

Das Inferno der Nacht, das einem ganz gewöhnlichen Tag folgt, ist – wenn es denn überhaupt eine Steigerung geben kann – noch erschreckender in Eiderstedt. Der Chronist Peter Sax schreibt im Januar 1635 über die auch von ihm erlebte Flut:

„Die Lufft war voller Fewr, der gantze Himell brennete, und Gott der Herr, ließ Regenen, Hagelen, blitzemen, Donnern, und den windt so krefftig Wehen, daß die grundtfeste Erden sich bewegeten."

Nachzutragen ist, aus welcher Richtung es stürmt. Es ist entscheidend für die Gewalt der Flut. Heimreich schreibt, es habe sich *ein ungeheurer Sturmwind aus dem SüdWesten erhoben / so sich in folgender Nacht auf halber Sprinckfluth nach dem Nordwesten gewendet.* Eben diese Drehung verhindert das Abfließen der aufgestauten Wassermassen.

Lobedantz stellt dar, wie dem gewöhnlichen Tag die Nacht der Katastrophe folgt. Er spricht aus der Sicht des Inbegriffenen. Er hat die Nacht erlebt. Sein Bericht spricht für sich, er bedarf keiner Deutung. Dennoch ist auf einiges hinzuweisen.

Es sind die Armen, deren Katen direkt hinter dem Deich liegen, die zuerst betroffen sind. Zumeist nicht auf Warften errichtet – das ist eine durchaus arbeitsaufwendige und kostspielige Sache – sind sie schutzlos den über die Deiche schlagenden Wellen ausgeliefert, sind sie die ersten, die beim Deichbruch weggeschwemmt werden. Überhaupt eine Überlebenschance haben ohnehin nur diejenigen, deren Häuser auf erhöhten Plätzen stehen: so vor allem auf den künstlich aufgeschütteten Warften. Auch deren Bewohner aber werden auf den Boden getrieben, wie Lobedantz hier erwähnt.

An anderer Stelle führt er genauer aus,

„wie sie mit einander eine gute weile / biß auch an die Knie im wasser gewatet / sich so lang drunten im Hause auffgehalten / biß hie die Thür / dort die Wand eingeschlagen / alsdan habe die Mutter jhr säugendes Kindlein aus der Wiegen erhoben / die andern auch bey der Hand ergriffen / vnd sein nach dem Boden mit weinen vnnd klagen gestiegen / der Vater aber nebenst seinen Dienstboten habe noch etwas Kleider vnnd Bettgewand zusammengeraspelt / vnnd sey bald nachgestiegen. Doch so viel Trit / so vielmal eine newe Angst sey jhnen ins Hertz gestiegen / weil sie auff dem Boden empfunden / wie Gottsgrewlich die Winde auffs Dach gesturmet / dasselbe durchlöchert / vnd bald ein / bald das ander Haußfach abgerissen."

Das, was Lobedantz hier schildert, ist, wie auch das Vorhergehende, für die Hörer seiner Predigt, und das sind die wenigen Überlebenden, gemeinsame Erfahrung. So oder ähnlich ist es ihnen allen ergangen. *Daß* sie überlebt haben, hängt mit zwei weiteren Faktoren zusammen, die hier sichtbar werden. Der Familienvater handelt bedachtsam, indem er kein Feuer mit auf den Boden nimmt. Bei der ‚Durchlöcherung' des Daches kann der Sturm allzu leicht das mit Reet oder Stroh gedeckte

Dach entzünden, wie es ja vielfach geschieht. Die Situation derjenigen, die es auf diese Weise trifft, ist aussichtslos. Sie haben, so Heimreich, *einen zwiefachen Todt für ihren Augen* und *sind auch wol (wie man Exempel weiß) auß Furcht fürm Fewr selbst ins Wasser gesprungen / und sich also erseuffet.*

Entscheidend für das Überstehen der Sturmflut ist weiterhin die Bauweise der Häuser. Lobedantz beschreibt, daß nicht nur Türen, sondern auch Wände und ganze Fächer weggerissen werden. Trügen die Mauern die Dachlast, müßte das Haus zusammenstürzen. Das Skelett des Hauses aber besteht aus Ständern. Vielfach miteinander verbunden und zu einzelnen Fächern gruppiert, tragen sie die Dachlast. Es ist also theoretisch möglich, daß sämtliche Wände weggespült werden und das Haus bzw. sein tragendes Gerüst dennoch stehenbleibt. Ebenso sinnvoll ist die Fächer-Untergliederung. Dann, wenn ein Ständer nachgibt, fällt ein *Haußfach* zusammen, zieht aber nicht notwendig die noch stehenden in Mitleidenschaft.

Natürlich bietet auch das Zusammentreffen dieser Momente – Vorsicht im Umgang mit Feuer, erhöhter Standort des Hauses und Ständerbauweise – keine Überlebensgarantie. Die von Lobedantz angeführte große Anzahl von Häusern hält der Gewalt von Sturm und Wellen nicht stand.

Verstärkt wird die Wirkung der Katastrophe dadurch, daß sie in der Nacht stattfindet. Dazu anschaulich Heimreich:

„Da denn auch die finster Nacht nicht allein die obhandene grose Gefahr bey vielen hat verborgen / sondern ihnen auch alle Mittele derselben zu entkommen beraubet Weßhalben ihrer viele Mutternacket von ihren Bette bey sicherem Schlaffe sein weggetrieben / andere durch ungestümigkeit des Wetters erwecket / haben davon fliehen oder ihre Güter erretten wollen / allein sein zunebenst ihren Häusern und Gütern von den Wellen weggeführet worden.“

Wenn Lobedantz – und ähnlich andere – angesichts dessen sagt: *für Bestürtzung finde ich nicht gnugsame Wort / für Wehemuth vermag ich auch nicht Wort mehr davon zumachen,* so ist das nicht bloß der rhetorische Gebrauch des Unsagbarkeitstopos, sondern Ausdruck der Unzulänglichkeit der Sprache einer derartigen Katastrophe gegenüber.

Durchaus nicht im Widerspruch dazu nimmt die Erörterung der Ursachen breiten Raum ein. Dabei steht nicht in Frage, daß sie als *Sündenfluth* Strafe Gottes ist. Der Eiderstedter Chronist Peter Sax argumentiert:

„In dießer erschreckl: unerhörten waßerfluth, kan man keine naturl: ursachen suchen, sintemall 8 tage fur den Newen Mond gute Aspecten, auch auf das Novilunium gute radiationes der Planeten gegangen sein. Derwegen mußen wir eß gentzlich dafur halten, daß dieselbige, durch Special verhengniß und sonderbahre straffe Gottes, des Allmechtigen, den Menschen, damit zur buße zubringen, und Ihn von seinem bösen leben, und wandell, abzuhalten, gekommen sei.“

Die Ursachensuche mit Hilfe der Astrologie darf nicht als zu belächelndes Kuriosum abgetan werden. Astrologie ist zu dieser Zeit eine ernsthaft betriebene Disziplin. Ein erst wenige Jahre zuvor (1630) gestorbener Zeitgenosse von Lobedantz, Heimreich und Sax, der sich einen Namen als Astronom gemacht hat, Johannes Kepler, hat wiederholt einem weiteren berühmten Zeitgenossen, der im Jahr der Burchardi-Flut in Eger ermordet worden ist, Wallenstein, Horoskope – genauer : Nativitäten – erstellt. Kepler übrigens prophezeit 1624 *schröckhliche Landverwirrungen* für 1634.

Ebenso ernst wie der Einfluß der Planeten auf das Geschick des Menschen wird die Existenz des Teufels, von Hexen und Zauberern aller Art genommen. Nicht das wenigstens in dieser Hinsicht zu Unrecht als finster gescholtene Mittelalter, sondern eben die Zeit, in die die Burchardi-Flut fällt, erlebt den Höhepunkt der Hexenverfolgungen, mithin auch den Höhepunkt des Glau-

EIDERSTADII

bens an die Macht der Hölle. So nimmt es nicht Wunder, daß Lobedantz mit einigem Aufwand den Nachweis führt, daß tatsächlich Gott die Flutkatastrophe verursacht habe. Er formuliert die Ausgangsfrage:

„Solte nicht woll manches mit seinen Gedancken zur Hellen hinab steigen / vnnd dem Satan oder seinen Vnholden schuld geben / daß sie solche Landes Verwüstung mit Zauberwercken angerichtet haben?"

Die Unholden sind zuständig für alle Arten von Scha-den-, aber auch von Heilzauber. Ihnen wird von der Vernichtung der Ernte durch Hagelschlag oder Frost, über Mißgeburten, Mord, Krankheit, Verbrechen jeglicher Form bis hin zu plötzlich eintretender Liebe oder Genesung die Schuld für jede nur erdenkliche Abweichung vom Normalen zugewiesen.

Eine Katastrophe wie die der Burchardi-Flut übersteigt ganz offensichtlich den Kompetenzbereich der Unholden bzw. des durch sie wirkenden Satans. Das heißt

konkret: *ohn Gottes Verhängnuß ist so grosser Schade vber vnsern Nordstrand vnd seine Einwohner nicht ergangen.* Im Unterschied zu Sax jedoch, der ein *Special* Verhängnis, eine *sonderbahre* Strafe Gottes annimmt, bettet Lobedantz seine Suche nach der Ursache für den besonderen Fall in eine allgemeine ‚Klärung' des Problems ein. Er stellt grundsätzlich fest: *die Winde vnd allerley Vngewitter kömmen von Gott.* In der *VnterrichtsPredigt* betont er ihren instrumentalen Charakter als Werkzeug der Ra-

che: *Die Winde sind zur Rache geschaffen / vnd durch ihr Stürmen thun sie schaden.* Damit erklärt Lobedantz sämtliche – die vergangenen und die zu erwartenden – Sturmfluten als göttliche Strafaktionen.

Aber mehr noch. Lobedantz spricht Teufel und Unholden im Grunde ihre Existenz ab. Das, was in der Regel zweifelsfrei ihren Einflüssen zugeschrieben wird, wird bei ihm umgedeutet. Es wird zu *Gottes Zornzeichen.* Gott habe, so Lobedantz, „manchen saursehenden Postboten seines Zorns zur Thür gesand / der Mäuse vnd Ratzen eine sehr grosse menge / die vnser Korn auff dem Felde wegtrugen / das gifftige Vngeziffer der Käfer / welches die schöne reiffe Kornähre abfras: Knitternde Hagelsteine die das getreide alleß danider schlugen: Langwirige Regenwetter vnd Verderbens winde / ... viel tolle Hunde / Schweine / Ochsen vnd Pferde / die auch in jüngst abgewichenen Sommer erbarmlich sich selbst rissen vnd zerbissen."

An die Stelle des Fremdverschuldens durch den Bösen bzw. seine namhaft zu machenden Unholden tritt grundsätzlich das (ältere) Prinzip der Eigenverschuldung. Damit wird aber auch alles Unerwartete, das jemanden trifft, zum sichtbaren Makel, ja zum öffentlich sichtbaren Beweis der Gottlosigkeit.

Der Grund für die Sturmflut liegt in der Sündhaftigkeit der Betroffenen, der Grund dafür, daß gerade Nordstrand besonders hart in Mitleidenschaft gezogen wird, folglich in der besonders großen Sündhaftigkeit seiner Bewohner. Lobedantz nennt in diesem Zusammenhang eigens *den newen Pracht in Kleidung vnd die alte Pralerey in essen vnd trincken* – also wohl bemerkenswerte, wenn nicht herausragende Eigenheiten im Leben der Nordstrander. Und nicht nur sie haben in der Tat prächtige Kleidung. Ihr Lebensstandard ist keineswegs ärmlich. Das Land gibt, wie Lobedantz ausdrücklich vermerkt, *alle Jahre so reiches Vermögen,* daß ein großer Teil *an Viehe vnd Feldtfrüchten* exportiert werden kann. Der Reichtum mehrt sich, geht aber einher mit *Boßheit vnd Gottlosigkeit.* Zu Recht sagt Lobedantz: *Vnter dem Christen Namen führete man schier ein heidnisches Leben.* Genauer: „Man spürete eine schendliche Leichtfertigkeit in schweren vnd fluchen: Einen trutzigen Vngehorsam wider die liebe löbliche Obrigkeit. Das säwische Fressen vnd Sauffen ward ohn schew getrieben: Mit Hurerey vnd Ehebruch fast alle Winckel gefüllet: Gar viel besudelten ihr Hertz mit Zorn vnd Rachgier / vnd ihre Hände mit Blutvergiessung."

Auch diese generelle Abkanzelung, zumal der Hinweis auf den *trutzigen Vngehorsam* und der neuerliche auf *das säwische Fressen vnd Sauffen,* dürfte nicht aus der Luft gegriffen sein.

Die Sünden werden konsequent zum Erklärungsgrund eines jeden Unwetters und speziell der Burchardi-Flut. Dabei ignoriert Lobedantz mitnichten die Aussagen der *Naturkündiger,* er geht aber nicht näher auf sie ein: „Wir lassen das in jhrem werth / erinnern vns doch ein mehrers / vnd machen die geistliche gewisseste Vrsach der brausenden Winden vnd vngestümen Wettern / die Sünde."

Lobedantz akzeptiert also die natürliche Erklärung der Sturmflut. Er will aber ausdrücklich etwas anderes: die *geistliche* Deutung. Er gelangt zu einem recht kuriosen Modell, das freilich in sich geschlossen aufgebaut ist.

„Die Sünde wircket einen vnartigen Qualm vnd Dampf / welcher auß dem Hertzen herfür bricht vnd auffsteiget. . . . Ja es machet dieser auffsteigender SündenQualm eine dicke düstere Wolcke / die sich zwischen Menschen vnd vnserem HERRN GOTT setzet / vnd die Stralen seiner Gnad vnd Barmhertzigkeit auffanget. Erbricht sich aber dieselbe Wolcke / so verursachet sie sturmende Winde vnnd wütende Wetter / welche mit macht daher rauschen / das wilde Meerwasser vngestümblich bewegen / die Wellen hoch treiben / daß sie Teiche vnd Dämme mit grossem krachen anfallen / vnd über Landt vnd Saat sich ergiessen."

Lobedantz materialisiert den moraltheologischen Begriff der Sünde. Seine geistliche Deutung wird auf diese Weise zu einer quasi-natürlichen Erklärung der Naturkatastrophe. Direkt seine Gemeinde ansprechend, kommt er vom allgemeinen zum besonderen Fall: „Ihr lieben Gaickenbyller / vnd sämptliche Nordstrandische Einwohner / hier bey vns wirds auch vnzweifflich also seyn zugangen. Die jetzt erzehlete vnsere viel vnd grosse Sünden haben so einen dicken Dunst vnd Dampff von sich gegeben / daß eine trübe Wolcke darauß geworden / dafür die Stralen Göttlicher Barmhertzigkeit eine zeithero auff vnser Land nicht fallen / noch vns haben anleuchten können, Vnd nach dem sie letzlich mit einem grewlichen Sturmwind vnd Wetter sich gebrochen / sind die Wassere der offenbahren See dadurch zusammen getrieben / vnd die verderbliche Seeflut in vnser Land vnd alle desselben Häusser herein geführet."

Diese überaus anschauliche Begründung für die verheerende Flut schafft brisante Probleme, die der ansonsten sehr genau und bedachtsam verfahrende Lobedantz nicht immer sieht. So ist es nicht mehr der autonom handelnde Gott, der die Sünder aus eigenem Ratschluß straft. Die Flutkatastrophe wird naturgesetzlich-kausal erläutert, sie vollzieht sich danach gleichsam automatisch und ohne Zutun Gottes. Seine Barmherzigkeit – von der im übrigen kaum je die Rede ist – *kann* die sündigen Menschen nicht erreichen. Das aber bedeutet, daß Gott nicht der Allmächtige ist. Der sündigende Mensch ist der Alleinschuldige, und das heißt in diesem Falle auch: derjenige, der das Geschehene verursacht, der es in Gang gesetzt hat.
Ein anderes Problem, das mit dieser radikalen Schuldzuweisung einhergeht, sieht Lobedantz dagegen sehr wohl: Die Überlebenden könnten sich – im Unterschied zu den gestraften Toten – für die Besseren halten. Das liegt durchaus in der Logik der Lobedantzschen Argumentation, die einfach mit anderen Vorzeichen versehen wird. Wenn der Tod die Strafe für ein sündhaftes Leben ist, dann ist das Überleben Lohn für ein Leben, das, wenn auch nicht unbedingt sündenfrei, so doch weniger sündhaft gewesen ist. Und der Überlebende kann sich dann verleitet sehen, die Toten als die von Gott verurteilten Sündigen seinerseits zu verurteilen.
Solche Tendenzen muß der Geistliche natürlich im Keim abwehren, denn sie beinhalten neuerliche Sündhaftigkeit und beschwören damit im Sinne von Lobedantz die Gefahr einer neuerlichen Sturmflut herauf:

„Ey darumb platze mit deinem Vrtheil nicht bald zu / mein Mensch! Nicht bald richte vnnd verdamme deinen Nähesten. Darumb ist er nicht im Wasser vmbkommen / darumb bistu nicht auß dem Wasser errettet / daß du ihn leichtfertig richten / sondern daß du GOTT loben / glimpfflich von deinem Nähesten reden / alles / wo möglich / zum besten kehren / vnd vnter deß vnnachlässig beten sollest vmb des H. Geistes gnedige Regierung / damit du vor einem ruchlosen Sündenleben behütet / der Sünden Straffen auch entgehen mögest."
Die eindringlichen Ermahnungen, Gott zu loben, nur Gutes über die Toten – realistisch, wie er nun einmal ist, schränkt Lobedantz ein: so weit es irgend geht – zu reden und zu beten, sind allesamt zweckorientiert. Die Überlebenden sollen mögliche künftige Bestrafungen der Art, wie sie sie gerade erlebt haben, bereits im Ansatz verhindern, indem sie keinen Anlaß dazu geben. Das ist in der Situation, in der Lobedantz predigt bzw. seine Predigt niederschreibt, eine hochaktuelle Warnung, hat aber kaum etwas mit christlicher Ethik zu tun. Um den verbliebenen Rest der Marschländer, zu dem die See durch die Wehlen Zugang hat, gänzlich zu zerstören, ist keine Flut von der Gewalt der von Lobedantz beschriebenen mehr nötig.
Lobedantz nun beklagt nicht nur die verzweifelte Lage des ‚verwüsteten Landes', er ermahnt nicht nur die Überlebenden, sich gottesfürchtig zu verhalten, um weitere Katastrophen zu verhindern, er beklagt sich auch bei Gott selbst.
„O HERR GOTT / allzusehr gezürnet! allzuschwer gestraffet! allzuhard geschlagen! Weg ist vnßre zeitliche Wolfarth: wüst liget vnser Land: Verlassen sind wir arme Leute. Ach ein vielfältiger Jammer drücket vns: Die gegenwertige Noth betrübet vns: Bevorstehender Hunger schrecket vns. Ach! Ach! Vnsere Kinder vnd Bekanten solten vns trösten / aber das Wasser hat sie vns ersäufft: Nachbarn vnnd Freunde wolten vns wol helffen / aber die Flut hat sie auch jhres Vermögens beraubet: Guthert-

zige Leute begehren vns zu rahten / aber der VerderbensWind hat vns die Mittel genommen."

Man bedenke: Der unzweideutig formulierte Vorwurf, Gott habe die Strafaktion übertrieben, steht nicht nur innerhalb einer Predigt, sondern nimmt darin noch eine herausragende Stellung ein. Er wird eingeleitet durch die Aufforderung: *lasset vns beichten vnd beten.* Sicherlich – im folgenden wendet sich Lobedantz auch den Sünden zu. Am Beginn von Beichte und Gebet jedoch ist mit keiner Silbe die Rede davon. Um so größeres Gewicht erhält dadurch die massive Vorhaltung, die Lobedantz Gott macht, um so unüberhörbarer ist die darin enthaltene Kritik, die er an ihm übt.

Unmittelbar Gott anredend, folgt dem Vorwurf der Übertreibung eine überaus intensive und anschauliche Schilderung des Elends. Sie erhält damit die Funktion, den Vorwurf zu belegen und zu erhärten. Noch einmal, um das geradezu Ungeheuerliche dieser als Beichte und Gebet ausgewiesenen Rede hervorzuheben: Es ist Gott, dem hier unmißverständlich vor Augen gestellt wird, wie weit er in seinem Zorn gegangen ist, ja daß er zu weit gegangen ist.

Aber nicht genug damit. Lobedantz nimmt die Heilige Dreifaltigkeit beim Wort, zuerst Jesus, dann den Heiligen Geist, schließlich Gott Vater.

Weil letzterer, gerade angesichts der unfaßbaren Katastrophe, als der alttestamentliche unbarmherzig zürnende Gott aufgefaßt wird, ruft Lobedantz zuerst den menschgewordenen Sohn an. Er ersucht den Barmherzigen um Vermittlung beim Unbarmherzigen: *Deine Fürbitte rede vns bey Deinem Vater das Wort / daß nicht vollendet werde seyn Zorn an vns / vnd wir nicht zu scheitern gehen.* Dieses Ersuchen wird zuvor untermauert durch die eindringliche ‚Erinnerung' an ein gegebenes Versprechen:

„Hochgelobter GOTTsSohn / JEsu Christe / wir erinnern vns deines Eydes / da du hochthewrlich bekräfftiget hast; So wahr ich lebe / ich habe keinen Gefallen am

Tode des Gottlosen / sondern das er sich bekehre vnd lebe: O hertzer Heyland gedencke deiner Wort / deines Eydes / deiner eydlichen Verpflichtung / welche wir höher achten als Himmel vnd Erden."

Die Erinnerung wird zur insistierenden Ermahnung an ein rechtsverbindliches Versprechen, überdeutlich in der Steigerung vom Wort über den Eid bis zur eidlichen Verpflichtung.

Nicht ganz so scharf im Ton, aber ähnlich in der Aussage, weist Lobedantz sodann den Heiligen Geist auf seine Zusage hin, den Bedrängten Hilfe zu geben. Und Gott Vater endlich erinnert er:

„Du hast versprochen / Er kennet meinen Namen / so wil ich ihn schützen / Er rufft mich an / so wil ich ihn erhören / ich bin bey ihm in der Noth / darumb wil ich ihn herauß reissen: O HERR HERR GOTT / wir erkennen deinen Namen / vnd erkennen das du bist groß von Rath vnd mächtig von That / Ach schütze vns in Gefahr / darin wir stecken."

Und hartnäckig erinnert er Gott auch daran, Jesu Zusagen einzulösen:

„Dein trawter Sohn JESUS hat mit Eydesworten hochbethewrlich versprochen / Was wir in seinem Namen bitten / dz wollest vnd werdestu vns geben."

Das, was Lobedantz hier wagt – Gott Übertreibung vorzuwerfen, die Heilige Dreifaltigkeit an Eid, Zusage und Versprechen der Barmherzigkeit zu erinnern –, übertrifft bei weitem den von ihm selbst als Sünde deklarierten Trotz *wider die liebe löbliche Obrigkeit.* Daraus spricht die schon einmal zu Tage getretene Haltung des Marschbewohners, der die Katastrophe mitnichten klaglos hinnimmt. Weil er das Ausmaß des Elends nur als Strafe Gottes verstehen kann, bringt er sich vor Gott zu Gehör. Er sieht aber auch, daß die Flut ‚übergroß und grausam' ist, daß sie unbarmherzig den Großteil des Landes und seiner Bewohner vernichtet sowie dem verbliebenen Rest die Lebensmöglichkeiten buchstäblich von Grund auf genommen hat. Deshalb nimmt er sich selbstbewußt das Recht, Gott eindeutig klar zu machen, was er angerichtet hat und letztlich auch, daß er seine Gnadenzusagen offensichtlich vergessen hat.

Indem Lobedantz dem Allwissenden Wissen vermittelt, rückt er bedenklich in die Nähe der Gotteslästerung. Einen solchen Einwand kann jedoch sein Erklärungsmodell der Sturmflut auffangen. Lobedantz könnte entgegnen, daß der *SündenQualm* Gott die klare Sicht genommen habe – daß er also befugt, als Geistlicher vielleicht sogar berufen sei, diese Wissenslücke auszufüllen.

So verzweifelt auch die Lage ist, eines ist gewiß: Lobedantz kriecht nicht zu Kreuze. Es mag pathetisch klingen, aber es ist wohl so: der *Prediger in dem verwüsteten Lande* repräsentiert in seiner unbeugsamen, aufrechten Haltung, die sich auch und gerade in einer solchen Situation mit ihren Ansprüchen und ihrem Rechtsempfinden selbst Gott gegenüber zum Ausdruck bringt, den Marschbewohner, der sich der ständigen Bedrohung durch die See stellt.

Lobbe Obbesen. Des Küsters Klage-Lied

Ein anderer Nordstrander, der die Flutkatastrophe erlebt hat, greift ebenfalls zur Feder und beschreibt das ungeheure Ereignis. Es ist der Küster Lobbe Obbesen. Anders als der akademisch gebildete Lobedantz, ist Obbesen Laie. Das sagt natürlich nichts über die Qualität seines Werkes aus, ebensowenig wie die akademische Bildung des Lobedantz etwas über seine Haltung des ungebrochenen Trotzes aussagt. Es deutet aber darauf hin, daß hier jemand etwas literarisch gestaltet und zudem im Druck verbreitet und aufbewahrt hat, was ansonsten, zumal in dieser Zeit, nur selten an die Öffentlichkeit gelangt. Es ist eben das, was der Laie bzw. das Volk – denn aus ‚Laien‘ besteht nun einmal der Großteil des Volkes – empfindet, dem die Möglichkeit fehlt, die Not wenigstens rational zu verarbeiten.

Obbesen bedient sich, seinem Status angemessen, einer einfachen Form, die auf überzeugende Argumentation und rhetorische Finessen verzichten kann. Er schreibt ein Lied, und zwar in der Sprache, in der er sich auskennt. Er wählt das Niederdeutsche, das stellenweise Anklänge an Friesisches aufweist. Mit beidem – Form und Sprachlichkeit – stellt er sich in die Tradition der Volksdichtung. Die Regeln, denen er sich dabei unterwirft, bezieht er aus Liedern, an denen er sich orientiert.

Am Schluß seines Titels heißt es: *vnde men kan ydt singen vp de Wyse / Idt ys gewißlick an der tydt / dat Gades Söhne werdt kamen / edder vp de Wyse / Wehre Godt nicht mit vns in diesse tydt / etc.*

Die Gattungsbezeichnung des Liedes ist wörtlich zu nehmen. Es will gesungen werden. Die Melodie ist durch den Hinweis auf zwei als bekannt vorausgetzte Lieder vorgegeben. Vorgegeben sind damit aber auch weitere Regeln, an die sich der Verfasser des neuen Liedes zu halten hat – so etwa die Länge der Strophen, die ungefähre Anzahl der Silben, wenn nicht gar metrische Akzentsetzungen.

Diese Art der Herstellung von Liedern gehört keineswegs der Vergangenheit an. Allenthalben werden bei feierlichen Anlässen nach dem Muster bekannter Lieder Texte verfaßt, die auch gesungen werden. Sie werden freilich kaum jemals veröffentlicht, weil sie in der Regel für einen sehr speziellen und privaten Anlaß geschrieben werden und folglich auch nicht mit öffentlichem Interesse rechnen können. Es versteht sich, daß solche ‚Gelegenheitsdichtungen‘ nicht etwa hochgesteckten literarischen Qualitätsanforderungen gerecht werden wollen. Es geht ihnen allein um das ‚Besingen‘ des jeweiligen Anlasses.

Wenn ein solches Lied im Druck verbreitet wird, d. h. auch: wenn es die ‚höheren' Schichten erreicht, die überhaupt lesen können, dann muß einerseits und in erster Linie der Anlaß groß genug und bedeutsam sein, dann muß andererseits aber auch ein gewisser literarischer Standard erreicht sein. Letzteres ist, wie unschwer aus den anzuführenden Beispielen abzulesen ist, durchaus der Fall. Und der Anlaß des Liedes ist in der Tat unübersehbar.

Er führt zur Klage. Lobbe Obbesen stellt der *KlagPredigt* von Lobedantz ein Klage-Lied zur Seite. Er bezeichnet sein kleines Werk: *Ein Nyes KlageLeedt*. Das ‚neu' verweist darauf, daß das *KlageLeedt* nicht einem der zahlreichen längst vergangenen Ereignisse gilt, die immer wieder Anlaß zur Rührung geben, sondern daß sein Gegenstand aktuell ist. Das Lied erhebt den Anspruch, in einer Zeit ohne Zeitungen eine ‚Neuigkeit' zu übermitteln. Das ‚neu' verweist aber auch auf ein bereits vorhandenes und den Zeitgenossen der Marschländer wohl auch bekanntes Klage-Lied. Es handelt sich um das in derselben Volksdichtungs-Tradition stehende *Trurige Klageledt*, das der Ilgrofer Pastor Mumme Harrsen nach der Flut vom 1. Dezember 1615 geschrieben hat und das 1617, wahrscheinlich auch schon 1616, in Schleswig gedruckt worden ist. Die *grote Flode* und der *grote schade an Mintzschen vnd Vehe vnd andern Dingen*, die Mumme Harrsen beklagt, werden knapp 20 Jahre später in kaum vorstellbarer Weise übertroffen. Lobbe Obbesen kann also nicht mehr bloß von der ‚großen' Flut sprechen, sondern muß ihr Ausmaß – ähnlich wie Lobedantz – in stärkeren Wendungen zum Ausdruck bringen. Sein Lied handelt, so am Beginn des ausführlichen Titels, *van der grüwliken vnde erschrecklyken groten Waterfloth*. Ähnlich wiederum wie bei Lobedantz, folgt ihre genaue Datierung und gibt Obbesen einen sehr detaillierten Überblick über die angerichteten Schäden. Er beschließt die Übersicht mit den Worten:

„dat kan von keinem Minschen nicht genochsam vthgespraken werden / ja wat men dar groten Jamer vnde Herteleydt hefft ansehen möthen / dat kan nicht genochsam beklaget vnde beweinet werden / ja wenn men ydt mit blödigen Thranen beweinen kunde / vnde weinende Dach vnd Nach / so künden wy ydt doch nicht genochsam beweinen vnde beklagen."

Obbesen thematisiert die Ohnmacht des Menschen angesichts der totalen Zerstörung, dem nur noch die Klage bleibt – eine Klage, die auch in ihrer intensivsten Form der Not unangemessen bleibt. Wenn Obbesen vom ‚Jammer und Herzeleid', das man habe ansehen müssen, spricht, so deutet er an, daß er es mitangesehen *hat*. Er weist sich als jemand aus, der dabeigewesen ist, der das Elend aus eigener Anschauung kennt, dessen Lied also Wahrhaftigkeit beanspruchen kann. Dabei wird das allgemeine ‚man' zum Schluß zum ‚wir'. Obbesen reiht sich in die Zahl derer, die Grund zur Klage haben, er zählt sich zu den Betroffenen.

Ob es sich wirklich so verhält, muß dahingestellt bleiben. Immerhin leistet sich Obbesen eine Ungenauigkeit. Die eigens angeführte Drehung der Windrichtung von *SüdeOsten* nach *SüdenWesten* gibt keinen Sinn. Auf diese Weise kommt keine Sturmflut von der Gewalt der Burchardi-Flut zustande, da das Wasser hiernach zuerst von der Küste weggetrieben wird, so daß genügend Raum zum Auflaufen großer Wassermassen vorhanden ist. Die korrekten Richtungen gibt, wie erwähnt, Heimreich an.

Das Lied beginnt mit der Klage über das Elend, schließt aber sogleich auch die Klage über die eigene Sünde ein. Sie ist der fraglose Erklärungsgrund für die Flut:

> OCh weh och weh groth jamer vnd nodt
> O weh den groten Elende
> O weh vnse grote Missedadt
> vnde vnse grote Sünde
> darmit wy Gades Straff vnde Plage
> genochsam vördenet hebben alle dage
> alle Ogenblick vnde Stunde.

Das also, was für Lobedantz noch nachzuweisen, zu belegen und zu begründen ist, ist für Obbesen unzweifelhafte Tatsache. Die Deutung der Flutkatastrophe steht nicht mehr zur Diskussion. Sie ist festgelegt. Obbesen fährt fort:

> Darümme gy Minschen Junck vnde Old
> vörnemet schrecklyke dinge
> wat sick nylicken begeuen hefft
> davan will ick yuw singen
> im Holsten Lande wolbekandt
> dar licht ein klein Insell dat heth Nordstrandt
> wat sick dar hefft begeuen.

Das im Titel und in der ersten Strophe stehende ,wir', das auf die gemeinsame Erfahrung hinweist, wird hier aufgegliedert. Das ,ich' spricht seine Zuhörerschaft an. Das geschieht innerhalb des Liedes noch an einer weiteren Stelle, am Beginn der 12. Strophe, also etwa in der Mitte der insgesamt 24 Strophen:

> Gy leuen Christen höret doch
> wat ick yuw noch will sagen.

In beiden Fällen geht es darum, daß das Ich – der Sänger oder der Vortragende, nicht notwendig der Verfasser – Aufmerksamkeit für die nachfolgenden ,schrecklichen Dinge' fordert. Das ist ein Indiz dafür, daß das Lied einem Publikum vorgesungen wird.

Es ist durchaus möglich, daß dies in der Weise des Bänkelsangs geschieht.

Auf Jahrmärkten, bei Festen und Zusammenkünften jeglicher Art, an denen viele Menschen aus den unteren Schichten teilnehmen, treten Sänger auf. Sie berichten von seltsamen, schauerlichen oder katastrophalen, jedenfalls sensationellen Begebenheiten. Die musikalische Begleitung erfolgt zumeist durch eine Drehorgel, zur Veranschaulichung bedient sich der Sänger einfacher Bildtafeln. Weil er dabei erhöht auf einer Bank steht, erhält er – freilich erst spät, 1730 – den Namen des Bänkelsängers. Die vorgetragenen Lieder nun dienen keineswegs der Volksbelustigung, sondern der Belehrung – eines Publikums, das in der Überzahl nicht lesen und schreiben kann, das also nur durch den mündlichen Vortrag erreichbar ist. Die belehrende Absicht dieser Lieder trifft auf das Interesse der Zuhörer an sensationellen Ereignissen, das um so ausgeprägter ist, als ihnen das gedruckte Wort verschlossen ist.

Die besungenen Ereignisse stehen mithin niemals für sich, sondern haben grundsätzlich Beispielcharakter, sind grundsätzlich mit überdeutlich gezeichneten moralischen Sentenzen versehen.

Wie auch immer das Lied von Lobbe Obbesen zum Vortrag gelangt sein mag – sein Beispielcharakter ist unübersehbar. Ganz anders als bei Lobedantz ist bei ihm das unerhörte Ereignis ohne jede Frage und Einschränkung Exempel dafür, was einem geschehen kann, wenn man *grote Missedadt, grote Sünde* begeht. Die Klage über das Elend und die Klage über die eigene Sünde gehören für Obbesen zusammen. Unterstrichen wird diese Art der Klage, die sich gravierend von der des Predigers Lobedantz unterscheidet, durch die Melodie, in der das Lied laut Anweisung seines Verfassers zu singen ist: es ist die von geistlichen Liedern.

Durchaus nicht im Widerspruch zur Klage, die durch das *schrecklyke* Beispiel abschrecken will, steht Obbesens Streben nach Genauigkeit, dem er freilich nicht immer gerecht wird. Immerhin ist es seine erklärte Absicht, zu berichten, was sich begeben, wie er sogar zweifach in der zweiten Strophe schreibt, bzw. so an anderer Stelle, was sich *thogedragen* habe.

Zusätzlich zu den Angaben im Titel, der wahrscheinlich nur für die Druckfassung geschrieben ist, nennt er auch innerhalb des Liedes das genaue Datum der Flut. Er benötigt dafür fast eine ganze Strophe. Er beschreibt, allerdings ungenau, den Verlauf der Flut, gibt die Zahl der Toten, gesondert die der Prediger an und geht auf die angerichteten Sachschäden ein. Dabei weist er auch auf bestimmte Einzelheiten hin, so etwa auf die zusammengebunden gefundenen Leichen.

> Veele Minschen hefft men wedder gefunden
> in vnsem Vaderlande
> de sick also hebben thosamende gebunden
> mit Stricken vnde mit Banden
> woll Veer vnde Vyffe in einem Bunde
> dat dat ys gewesen ein bedröuede Stunde
> vör so mennigen armen Süder.

Obbesen beschreibt die erschreckende Tatsache und verbindet sie unmittelbar mit dem Moment der Sünde. Aus welchem Grund sich Menschen in der höchsten Not aneinandergebunden haben, bleibt bei ihm offen. Heimreich gibt darüber Auskunft:
„Derhalben viele in dem sie gesehen / daß alle Mittel zu entkommen vergebens / und sie zweyfels frey mit ihren Haußgenossen von den Wellen würden weggeführt werden / sich und ihre Weiber und Kinder mit Stricken haben aneinander gebunden / daß wie sie alle die Natur und die Liebe vereiniget / also auch sie die grausamen Wellen nicht möchten trennen."
Die relative Anschaulichkeit, die diese Strophe dennoch aufweist, ist die Ausnahme. Obbesen verfährt in der Regel sehr viel einfacher und plakativer. Er benennt ein Moment des Schreckens bzw. weist nur darauf hin, um sogleich auch den Schrecken selbst zu artikulieren und zu klagen.

> Groten Jamer hefft men gesehen an
> an etlyken schwangern Fruwen
> kein Minsche dat vthsprecken kan
> vnde mach woll einen grüwen
> wenn he davon höret gewissen Bericht
> so kan he sülckens vnderlaten nicht
> mit Thranen tho beweinen.

Der ‚gewisse Bericht' besteht im bloßen Nennen. Das breite Ausmalen des Unsagbaren und Jammervollen, das in der folgenden Strophe noch gesteigert wird, bleibt an der Oberfläche. Es mag der plakativen Art des Bänkelsangs entsprechen, und das heißt auch: seine Berechtigung haben. Der Schrecken jedoch wird auf diese Weise zur Sensation degradiert, diese wiederum zum Beispiel für die Allmacht Gottes:

> Vnse Dyck vnde Damme weren also starck
> woll vmme dem gantzen Lande
> men mende ydt wehre ein ewich Werck
> vnde wörden nümmer tho schanden
> Godt hefft dörch syne grote Allmacht
> ydt alles thobraken in einer Nacht
> dat gar weinich ys nach gebleuen.

Ob die Deiche tatsächlich für so überaus *starck* gehalten werden, wie es Obbesen hier schreibt und wie es ausführlicher noch Heimreich in der *Ernewreten Nordfresischen Chronick* tut, ist nicht sicher. Sicher dagegen ist die Absicht, die Obbesen – und auch Heimreich, der die entsprechende Passage in der ersten Ausgabe seiner Chronik *nicht* hat – damit verbindet: Er will das Vertrauen des Menschen auf sein eigenes Werk als Hochmut werten. Und der kommt bekanntlich vor dem Fall. Denn er gilt als schlimmste der sieben Todsünden. Der Fall kommt jäh und unausweichlich. Sturm und Wasser sind die Streitmacht, die *starcke Hemmels Heere*, die Gott *in synem Thorn* zur *Straff vnde Plage* der Nordstrander aussendet. – Daß der Zorn berechtigt ist, daß die Strafe verdient ist, daß Gott im Strafmaß nicht zu weit gegangen sein könnte, ist für Obbesen keine Frage.
Die *grote Allmacht* Gottes zeigt sich in der nahezu kompletten Zerstörung innerhalb *einer Nacht*, sie ist negativ definiert. Obbesen steigert die zerstörende Kraft Gottes und treibt zugleich den sensationellen Effekt auf die Spitze, indem er die Katastrophe nachdrücklich auf eine einzige Stunde konzentriert:

Idt warde men eine kleine tydt
vngefer vmme eine Stunde
doh wehren de meisten dat ehre alles quit
vnde legen gantz tho grunde
mit Huß vnde Hoff mit Fruw vnde Kindt
mit ehre gantze Hußgesindt
in einer so korten stunde.

Der Gott, der das kann und ausführt, der so kurze Zeit für sein Zerstörungswerk braucht, ist – ähnlich wie bei Lobedantz – der unbarmherzig strafende Gott des Alten Testaments. Angesichts der de facto angerichteten Verheerungen traut Obbesen ihm ohne weiteres die ursprüngliche Absicht zu, das ganze Nordstrand zu verderben:

Godt hefft gedacht in synem Thorn
vns allen tho vörderuen.

Daß er sein Vorhaben nicht vollständig verwirklicht hat, schreibt Obbesen dem Einfluß Jesu Christi zu:

dat vns ys Gnade wedderfahren
dat hefft vns Christus erworuen
he hefft tho synem leuen Vader getreden
vnde hefft vör vns arme Sünders gebeden
sünsten were wy alle so vmme gekamen.

Die Anschaulichkeit, die Obbesen in der Regel vermissen läßt, gelingt ihm hier. Er stellt den Einspruch Jesu Christi in der personifizierten Begegnung zwischen Gott Vater und Sohn dar. Seine Deutung der unvollständigen Vernichtung Nordstrands erhält damit eine gewisse Plausibilität und Überzeugungskraft. Nicht umsonst redet Obbesen seine Zuhörer im folgenden als *gy Christen* an, um sie ausführlich zur Buße aufzurufen. Der offensichtliche Erfolg des Einspruchs Christi ist ihm Garant dafür, daß auch die Buße zum Erfolg führt. Der aber besteht darin, *mit Christo in dat Hemmelryck* zu gelangen. Dieses letzte Ziel der Buße ist christliche Konvention.

Obbesen schließt aber auch die aktuelle Situation ein, indem er auf das *dagelicke Brodt in solcker Nodt* hofft und indem er Trost erwartet – aus einem überaus merkwürdigen Anlaß. Er schreibt, daß *wy*, also die Nordstrander, die die Flutkatastrophe überlebt haben, *ein Hohn vnde Spott / veelen so vmme vns her wanen*, geworden seien. Obwohl es schwerfällt, muß man das wohl so verstehen, daß die Überlebenden zum Schaden noch den Spott haben. Daß eine solche Haltung zustandekommen kann, hängt sicherlich nicht unwesentlich mit dem Prinzip der Selbstverschuldung zusammen, das Lobedantz begründet und Obbesen schlicht voraussetzt. Erst damit wird ja die Flut zur *Sündenflodt*, zur verdienten Strafe Gottes. Die Bestraften sind Schuldige, die Überlebenden nach Obbesen aber ebenso. Sie haben nämlich nicht überlebt, weil sie die Besseren sind, sondern weil sie das Glück hatten, unter die von Christus erwirkte Gnade zu fallen. Es ist nur noch ein kleiner Schritt, um die Betroffenen dem *Hohn vnde Spott* auszusetzen – seitens der von der Flutkatastrophe verschonten Bewohner der umliegenden Gegenden. Sie können sich als die Besseren, weil *nicht* Bestraften fühlen. Hinzu kommt, daß die meisten überlebenden Nordstrander verarmt sind. Und Armut, zumal plötzlich eintretende, schändet durchaus, ist sie doch auch als *Zornzeichen* Gottes zu sehen.

Das Klage-Lied des Lobbe Obbesen zeigt das am Boden zerstörte Nordstrand. Es spiegelt, wenn auch kaum klar erkennbar, die sozial und psychisch desolate Situation seiner überlebenden Bewohner. Es ist, wie die Gattungszuweisung im Titel ankündigt, reine Klage, verbunden mit dem Aufruf zur Buße. Aber nichts anderes. Differenzierende Zwischentöne fehlen, von einem Aufbegehren gar eines Matthias Lobedantz ist nichts zu spüren. Mag das Klage-Lied auch die Haltung des einfachen Volkes repräsentieren, für das es wohl abgefaßt ist, es ist jedenfalls entscheidend intensiver dem Charakter der Bußpredigt verpflichtet als die *KlagPredigt* von Lobedantz. Lobbe Obbesen ist gebeugt. Er ist zu Kreuze gekrochen.

Anna Ovena Hoyers. Der Triumph der Auserwählten

Eine Frau, Anna Ovena Hoyers, erlebt die Flutkatastrophe in Eiderstedt, auf dem Tönninger Schloß. Sie verarbeitet ihr Erlebnis in zwei Liedern ganz eigener Art. Der Tenor dieser Lieder weist keinerlei Ähnlichkeit mit dem des Klage-Liedes von Obbesen, nur wenig mit dem der *KlagPredigt* von Lobedantz auf. Vergleichbar ist allenfalls die ungebeugte Haltung, die aus den Liedern der Hoyers spricht, mit der, die aus der *KlagPredigt* von Lobedantz abzulesen ist. Ansonsten stehen sich auch diese beiden Autoren diametral gegenüber, gehört doch der Prediger der Gruppe von Menschen an, mit denen die Hoyers sich ein Leben lang auseinandergesetzt hat: den Vertretern und Mitgliedern der – lutherischen – Amtskirche. Sie allein sind es denn auch, die angesichts der Verheerungen, die die Flut angerichtet hat, Grund zu *groß Klagen* haben; denn die Flut hat *sie* getroffen. Sie sind die *Spötter vnd Verächter*, die den prophezeiten *großen Tag der rach* nicht wahrhaben wollten und durch die Flut eines besseren belehrt worden sind. Die Flut ist aus dieser Sichtweise nicht mehr nur die erlittene und zu erleidende gerechte Strafe Gottes, sondern gezielte Vernichtung der Feinde. Selbstverständlich wird sie für gerecht gehalten – und darüber hinaus geradezu bejubelt: *die Feinde seint all auffgerieben / darumb danckt dem Herren ihr Lieben.*

Entsprechend groß ist die Freude, überlebt zu haben, genauer: errettet worden zu sein. Es ist absolut unangezweifelter Beweis Gottes, nicht zu seinen Feinden zu gehören, sondern zu denen, die *erwehlt* sind, *Im Lebensbuch geschrieben*. Es versteht sich, daß die Feinde Gottes auch die Feinde der Auserwählten sind. Ihre Vernichtung bedeutet so zugleich die eigene öffentliche Rechtfertigung.

Die hier anklingende überaus radikale religiöse Deutung der Flutkatastrophe hängt sicherlich wiederum mit dem Prinzip der Selbstverschuldung zusammen, wie es Lobedantz ausgeführt hat. Es reicht aber nicht im geringsten aus, die in ihrer völligen Mitleidslosigkeit befremdlich anmutende Haltung der Hoyers zu verstehen. Um das zu können, sind einige Kenntnisse über die Lebensumstände der Verfasserin nötig.

Erste Hinweise ergeben sich aus der Entstehung und Überlieferung der Lieder. Sie sind bis heute ungedruckt. Sie sind in einem umfänglichen Handschriftenband enthalten, den die Königliche Bibliothek in Stockholm aufbewahrt. Er trägt den Titel *Lieder verfasset oder gesammelt von Anna Ovena Hoyer 1624–1655* und ist von ihren beiden Söhnen Caspar und Friedrich Hermann niedergeschrieben.

Die beiden Lieder, die aus Anlaß der Flutkatastrophe von 1634 entstanden sind, sind vom Titel (oder auch ihrem Beginn) her keineswegs auf ihren Anlaß beziehbar. Das erste (das 12. der Sammlung) heißt *Liedlein Gestelt Auff die itzige Betrübte, vnd balt folgende fröliche Zeit* und enthält die Anweisung für den *Thon*, in dem es zu singen sei. Das zweite (das 13. der Sammlung) ist lapidar überschrieben *Ein Ander*. Erst im Verlauf der Lieder wird deutlich, daß sie sich auf eine katastrophale Flut beziehen. Aus der Datierung der Liedersammlung und anderen Dichtungen der Hoyers, denen in der Regel eigene Erfahrungen zugrundeliegen, läßt sich schließen, daß es sich um die Burchardi-Flut handelt und daß die Verfasserin sie erlebt hat. Das wird bestätigt durch einen Verweis von Friedrich Hermann Hoyer innerhalb der Liedersammlung, den er im Anschluß an ein *Regist von dem so in Eyderstedt versoffen ist* gibt. Er betrifft *die 2 lieder so mein Seelige Mutter gemachet dan Sie mit Mein Seel. Schwester Maria, vnd Seel. Bruder Caspar 3 Tage auf den Soller Müßten sitzen, da die fische durch fenster vnd thür in der stuben platzzireten, vnd die Schiffe auff der gassen gingen, über äcker vnd Wiesen.*

Friedrich Hermann liefert eine kurze, aber anschauliche

Jugendbildnis der Anna Ovena Hoyers

Situationsschilderung. Danach verbringt seine Mutter die Nacht der Flut und die Tage danach, an denen der Wasserstand noch sehr hoch ist, auf dem Tönninger Schloß – nicht auf dem Herrenhaus Hoyerswort (dort sind keine Gassen und befindet sich kein Hafen).

Hoyerswort trägt bis heute den Namen, den auch die Verfasserin der beiden Lieder trägt. Sie hat dort gelebt als Gattin des Stallers Hermann bzw. Harmen Hoyer, als Schwiegertochter des berühmteren Stallers Caspar Hoyer. Sie war wohlhabend, ja reich. Der Name Hoyer ist durch das Amt des Stallers mit höchster Autorität verbunden. Anna Ovena Hoyers hat sich aber auch selbst einen Namen gemacht. Daß sie darauf durchaus Wert legt, zeigt, daß sie das latinisierte Patronymikon ihres Vaters Hans Ovens – Ovena – führt. Das ist nicht üblich, demonstriert aber ein ausgeprägtes Selbstbewußtsein.

Als sie die Flut erlebt, ist ihr Mann bereits seit gut 12 Jahren tot (er stirbt am 13. 9. 1622), befindet sich Hoyerswort nicht mehr in ihrem Besitz. Sie hat es an die Herzoginwitwe Augusta verkaufen müssen. Und auch auf dem Tönninger Schloß, das sie von 1603 bis zum Tode ihres Mannes als dessen Amtssitz bewohnt hat, ist sie jetzt nur zu Gast. Ihr ehemals mehr als ansehnliches Vermögen ist durch übergroße Freigebigkeit aufgebraucht, sie hat, nach langwierigen Auseinandersetzungen vor allem mit der orthodoxen Geistlichkeit, aber auch in regelrechte Rechtsstreitigkeiten verwickelt, mitsamt ihren Kindern die Heimat verlassen. Durch die Vermittlung der Herzoginwitwe an die schwedische Königin Maria Eleonora geht sie, wohl 1632, nach Schweden. Sie stirbt am 27. 11. 1655 auf dem in der Nähe von Stockholm gelegenen Hof Sittwick, einem Geschenk Maria Eleonoras. – Die Handschrift der Liedersammlung ist dort geblieben, wo sie entstanden ist.

Anna Ovena Hoyers ist 50 Jahre alt, als sie sich in Tönning aufhält und die Flutkatastrophe übersteht. Sie hat zu diesem Zeitpunkt bereits ein bewegtes Leben und ihren sozialen Auf- und Abstieg hinter sich.

Das Tönninger Schloß. Hier lebt Anna Ovena Hoyers von 1603 bis 1622, und hier überlebt sie die Sturmflut 1634

1584 in Koldenbüttel geboren, wächst sie in Witzwort bei den Brüdern ihres Vaters, Meves und Jon Ovens, auf. Ihr Vater, ein wohlhabender und gebildeter Mann, der sich als Astronom betätigte, ist im Jahr ihrer Geburt gestorben. Sie ist klug und erhält eine hervorragende, für eine Frau zu dieser Zeit ungewöhnliche Bildung; nicht umsonst redet sie der Herzog schon früh in Briefen als *Hochgelehrte und Wohlweise* an. Sie ist beileibe nicht häßlich – und verfügt nicht zuletzt über eine reiche Mitgift. Sie ist das, was man eine gute Partie nennt.

Bereits im Alter von 15 Jahren heiratet sie, am 15. 4. 1599, Hermann Hoyer und gehört damit zu den angesehensten und mächtigsten Familien im Lande. Ihr Mann soll gar über seine Großmutter väterlicherseits mit dem dänischen Königshaus verwandt sein – die zweite Frau des ,Langen Harmen' (die erste übrigens auch), die Mutter Caspar Hoyers, ist eine uneheliche Tochter Friedrichs I. Jedenfalls bestehen enge Beziehungen zum dänischen Königshaus, die für die Position Anna Ovenas durchaus bedeutsam sind bzw. noch werden sollen.

Denn die starke Position, die sie hat, braucht sie auch. Wohl schon in jungen Jahren läßt sie sich mit Sektierern und Schwärmern ein, neigt sie einem spiritualistischen Laienchristentum zu, das in der Hauptsache durch die Namen Caspar Schwenckfeld, Valentin Weigel und David Joris gekennzeichnet ist. Die Frau des Stallers schafft damit eine brisante Situation. Sie wendet sich religiösen Strömungen zu, die ihr Mann kraft seines Amtes bekämpfen muß; denn sie sind allesamt ketzerisch. Ihr Hauptfeind ist die Amtskirche mit ihren orthodoxen Geistlichen. Sie, die *Pfaffen-Teuffel*, erhalten die Schuld für alles konkrete Übel. Die von diesen des Irrglaubens Bezichtigten dagegen halten sich für die wahren Gläubigen, die den Erlöser in sich tragen. Sie leben in der aktuellen Erwartung der Endzeit und halten sich für die Auserwählten, für die, die *Im Lebensbuch geschrieben* sind.

Zum öffentlichen Ärgernis wird Anna Ovena erst nach dem Tod ihres Mannes. Wie viele ihrer mindestens neun Kinder noch leben, ist nicht bekannt. Fünf von ihnen werden sie nach Schweden begleiten. Sie hat testamentarisch die alleinige Vormundschaft erhalten. Nachdem sie sich nach Hoyerswort zurückgezogen hat, erkrankt eines ihrer Kinder. Sie holt den Arzt Nicolaus Knutzen, Teting genannt, ans Krankenbett. Der aber hat gerade, zusammen mit seinem Freund Hartwig Lohmann, Flensburg verlassen. Es war zu heftigen Auseinandersetzungen mit der dortigen Geistlichkeit gekommen, weil beide sektiererische Lehren verbreitet hatten.

Teting findet bei Anna Ovena Hoyers Aufnahme. 1623 zieht er mit seiner Familie nach Hoyerswort, bald danach folgt er ihr ins ,Blindehaus' nach Husum, das sich seit 1605 im Besitz der Hoyers befindet. Anna Ovena steht ganz unter dem Einfluß der Sektierer. In ihrem

Husumer Haus richtet sie gar eine *eigene Enthusiastische Winckel-Kirche* ein, wie die Pastoren monieren. Das ist eine unerhörte Begebenheit, gegen die die Geistlichkeit einschreiten muß, will sie nicht vollends ihr Gesicht verlieren. Die Erregung ist groß. Der Flensburger Propst Friedrich Dame verfaßt gar eine Abhandlung darüber, *was mit denen von Flenßburg entwichenen Enthusiasten Niclauß Knutzen vnd Hartwich Lohmann gehandlet, Auch gründliche refutation jhrer grewlichen Schwermerey, dadurch sie die Christliche gemeine zu vergiften sich vnterstanden.* Daß nicht kürzerer Prozeß mit ihnen gemacht wird, liegt sicherlich mit daran, daß sie unter dem Schutz der Hoyers stehen. Dennoch werden sie am 27. 9. 1624 ultimativ vom Herzog aufgefordert, entweder zu widerrufen oder innerhalb von 14 Tagen das Land zu verlassen. Sie ziehen letzteres vor.

Gegen Anna Ovena sind die Geistlichen machtlos. Eine ohnehin übervorsichtig formulierte Eingabe an die Herzoginwitwe bleibt ohne Erfolg. Anna Ovenas Position erweist sich als hinreichend stark. Daß sie bei strenggläubigen Lutheranern nicht gerade beliebt ist, zeigt eine drastische, nach ihrem Tod formulierte Aussage: *Doch hat sie noch einen Stanck vor ihrem Ende hinterlassen, indem sie ein Büchlein voll lauter altväterischen Reimen zur Verachtung des Predig-Amts lassen ausgehen.*

Aus der Sicht des Geistlichen ist das nicht einmal falsch. Dieses *Büchlein, Geistliche und Weltliche Poemata*, 1650 in Amsterdam gedruckt und sogleich in den Herzogtümern Schleswig und Holstein verboten, enthält in der Tat seinerseits überaus drastische Angriffe gegen die *verkehrte Pfaffenknecht*, wobei sich Anna Ovena nicht scheut, auch Namen zu nennen. Ein recht harmloses Beispiel:

O Ihr verkehrte Pfaffenknecht,
Fritz Hannsen und Fritz Dame,
O Schlangen art, Ottern geschlecht,
Ja, Satans eigner same.

Der Band enthält zudem die boshaft-derbe Satire *De Denische Dörp-Pape*.

Dieses Buch ist nicht die erste Veröffentlichung Anna Ovenas. Es enthält eine Reihe bereits früher erschienener Schriften, u. a. das *Gespräch eines Kindes mit seiner Mutter von dem Wege zur wahren Gottseligkeit*, das zuerst 1628 erscheint, danach unter variierenden Titeln wiederholt nachgedruckt wird, zuletzt sogar noch 1720. Anna Ovena Hoyers ist also durchaus keine Unbekannte. Sie hat sich einen Namen als Autorin gemacht. Und ihr Name hat Gewicht. 1636 wird unter ihrem Namen ein Buch – *Frawen Pflicht: Zu lernen Gott vnd jhre Männer zu gehorsamen . . .* – veröffentlicht, das gar nicht von ihr ist. Die Verfasserin begründet:

„Diß Büchlein hab ich im Namen Anna Oeveam Höyers außgeben vnnd jhr zugeeignet zu einer Beschirmung dieses Werckes / ob es vielleicht möchte angefochten werden / als Petri Schifflein. Vnd weil die, die das Büchlein gemacht hat / Christi Weinberg sucht fort zu pflanzen / gleich Anna Höyers jhre Schwester / wol genennet mag werden / vnd auch / vmb daß durch jhren Nahmen von Anna Höyers diß Büchlein besser bekand möchte seyn.“

Anna Ovena ist sich ihrer Leistungen bewußt. Das erwähnte *Gespräch* gehört in die breite Tradition der Erbauungsliteratur. Es ist jedoch das erste, das von einer Frau veröffentlicht wird. Entsprechend ist ihre eigene Einschätzung:

Dies Buch durch eine Fraw beschribn /
Wird man gewiß darumb mehr beliebn /
Weiln dergleichen nie gesehen /
Von Frawn so geistreich ausgehen.

Anna Ovena stellt ihr Licht mitnichten unter den Scheffel. Das äußert sich auch in der Nennung des eigenen Namens. Dies kann offen geschehen; der wuchtige Refrain eines Liedes etwa lautet *Hanns Ovens Tochter Anna.*

Das kann aber auch verborgen geschehen, in sog. Akrosticha, wie in den beiden Liedern von 1634. Beide haben 16 Strophen. Bei beiden ergibt die Aneinanderreihung des ersten Buchstabens einer jeden Strophe: ANNA OVENA HOIIERS.

Das erste Lied beginnt mit folgenden Strophen:

Alles das, den odem hatt empfangen,
   Kom hirher vnd sehe,
   waß vnser Gott hatt angerichtet,
   wie er Leüth vnd Vieh vernichtet,
   Weh vnd Ach, itz ist der grose tag,
   vnd die Zeit angegangen,
   drin Er wirt üben rach.

Nun woll an, Ihr Spötter vnd Verächter,
   kompt seht waß Gott gethan,
   geht im Eyderstedschen Lande,
   In Ditmarschen vnd im Strande,
   Rundt umb herr, an andern örthen mehr,
   Da Gott alß ein gerechter,
   gestraffet hat so schwer.

Nemht sein Werck zu Hertzen o ihr Sünder,
   Erkent sein große sterck,
   itzlich thausent feindt vmbkommen,
   durch die Flut hinweg genommen,
   In der Nacht, plötzlich zu Nicht gemacht,
   auch Frawen die ihr Kinder,
   Nur halb anß licht gebracht.

Alle Welt, forcht diesen starcken Herren,
   der sich hatt eingestellt
   das menschlich geschlecht zu richten,
   alle Bösheit zu Vernichten,
   Lieben Leuth, trewlich gewarnet seyt,
   thut Buß, vnd last euch lehren
   geht auß von Babel heut.

O Babel, weh dir vnd deinen Bulen,
   dein Fall wird kommen schnell,
   du wirst nicht mehr so floriren,
   vnd hochmütig triumphiern
   wie biß her, dein Reth vnd Cantzeler,
   die Herren von Hohen schulen,
   wirt man nicht finden mehr.

Daten und Zahlen, wie sie bei Lobedantz und auch bei Obbesen stehen, interessieren Anna Ovena nicht. Es geht ihr nicht darum, die Verheerungen der Flut – gar mit statistischer Genauigkeit – zu erfassen und zu beschreiben. Und es geht ihr auch nicht darum, ihre Verse in formaler Vollendung nach den neuen Regeln der *Deutschen Poeterey* des Martin Opitz zu schreiben, die sie als gebildete und belesene Frau mit Sicherheit kennt. Es geht ihr allein um die Deutung, d. h. um die für sie definitiv gültige Aussage der Katastrophe. Das konkrete Ereignis hat eindeutig und ausschließlich heilsgeschichtliche Bedeutung. Es ist nicht mehr nur Beispiel, wie in der ‚normalen‘ geistlichen Deutung, sondern Vorspiel – Vorspiel für die angebrochene Endzeit: *itz ist der grose tag, / vnd die Zeit angegangen, / drin Er wirt üben rach*. Die Rache ist fürchterlich, aber nicht blind. Sie trifft nicht unterschiedslos jeden, sondern ausschließlich die Feinde. Es ist für Anna Ovena selbstverständlich, daß zu den *itzlich thausent feindt*, die jetzt *plötzlich zu Nicht gemacht* sind, noch weit mehr kommen werden, daß der *Fall* Babels beschlossene Sache ist.

Babel, traditionelles Synonym für den Sündenpfuhl, steht ihr für die Amtskirche. Die Verheerungen der Flut, die ja auch die *Herren von den Hohen schulen*, die studierten Pastoren und andere Mitglieder der Kirche, nicht verschont hat, sind Anna Ovena Bestätigung dafür, daß ihre endgültige Vernichtung unmittelbar bevorsteht, daß sie *schnell* kommen wird. In einer ähnlichen Strophe des zweiten Liedes heißt es genauer: *in wenig tagen*. Spätestens dann wird die Kirche nicht mehr *hochmütig*

Altersbildnis der Anna Ovena Hoyers

ist nunmehr eingeleitet. Prophezeit war das Ereignis zwar für 1625, es ist aber nicht ausgeblieben, sondern nur mit Verzögerung eingetreten.

Die Flutkatastrophe hat Offenbarungscharakter, mehr noch: Sie *ist* Offenbarung Gottes. Gott gibt sich ‚aller Welt' als *starcken Herren* zu erkennen. Er offenbart seine Fähigkeit und Bereitschaft, *das menschlich geschlecht zu richten*, das angekündigte Endgericht jetzt zu vollstrekken. Für die noch nicht vernichteten Feinde Gottes gibt es noch eine letzte Chance: sich durch die Verwüstungen der Flut davon überzeugen zu lassen, daß es Gott ernst ist, und Buße zu tun. Das aber schließt die schier unzumutbare Forderung ein, sich von der orthodoxen Kirche abzukehren. Nachdrücklich, mit geradezu missionarischem Eifer fordert Anna Ovena deshalb wiederholt jeden – *Alles das, den odem hatt empfangen* – auf, sich durch den eigenen Augenschein belehren zu lassen und sofort, noch *heut* die Abkehr von der Kirche vorzunehmen.

Anna Ovena erweitert die Belege für das nahe bevorstehende bzw. schon eingeleitete Endgericht. Sie setzt die Flutkatastrophe in Beziehung zur katastrophalen Situation im gesamten *teutschen Land*, das durch den noch längst nicht beendeten Dreißigjährigen Krieg, unter dem auch die Herzogtümer gelitten haben, verwüstet ist. Dies geschieht in beiden Liedern, klarer im zweiten:

> Ein Feur ist angezündet,
> von Gott im teutschen Land,
> wer ist der nicht empfindet,
> das alles steht im brand?
> groß wunder vnd viel Zeichen,
> hören vnd sehen wir nun,
> Lasset euch doch erweichen,
> Christliche buß zu thun.

Die gesamte gegenwärtige Wirklichkeit wird zum *Zornzeichen* Gottes. Sie wird ohne jede Einschränkung auf die angebrochene Endzeit bezogen. Hoffnung besteht nur für die, die dem eindringlichen Aufruf, *Christliche buß zu*

triumphiren, wie sie es bisher getan hat, vor allem den Sektierern gegenüber. Durch den Ausgang der Flut hat sich herausgestellt, daß die Verketzerten die Auserwählten sind. Sie haben nun allen Grund, ihrerseits zu triumphieren.

Der Triumph ist vollständig. Anna Ovena kostet ihn aus. Das, was sie mit Teting und Lohmann angekündigt hatte, den Weltuntergang und damit das Endgericht Gottes, *thun*, folgen. Die Feinde sind ohne Hoffnung auf Erbarmen der Vernichtung ausgesetzt, die Auserwählten brauchen keine Hoffnung, sie leben in der Gewißheit des Heils. Sie sind *erwehlt zur HerligKeit*.

Entsprechend euphorisch ist der Ausdruck der Freude über den Ausgang der Flut, über die Vernichtung der Feinde und die Rettung der Erwählten. Ersteres wird stärker im ersten Lied betont, letzteres stärker im zweiten. Bei beiden geschieht dies in den abschließenden Strophen, beide Lieder enden in Lobeshymnen auf den gerechten Gott. Das zweite ist das interessantere, weil Anna Ovena sich hier selbst mit ihrem durchaus empirisch gemeinten Ich ins Spiel bringt:

O Gott wie wunderbarlich,
  errettestu vom Thott,
  der rechte Helffer warlich,
  bistu in aller Noth,
  wen wir in angst vnd schrecken,
  bitten im glauben Dich,
  so lestu vnß nicht stecken,
  das hab erfahren ich.

In Todtes angst vnd Nöten,
  schreite mein Seel zu Dir,
  Herr wiltu mich nun töten?
  ist nicht mehr gnad bey Dir?
  die Fluth hat mich vmbgeben,
  Herr seeh mich gnedig ann,
  Mein Gott errett mein Leben,
  helff, weil sonst niemant Kann.

In dem Legten sich Nieder,
  die Wind vnd Wellen balt,
  Mein Brust wart frölig wieder
  o Gott mein auffenthalt,
  Danckopfer will ich bringen,
  Dein lob ausbreiten fern,
  vnd Newe Lieder singen,
  Dir Meinem Gott vnd Herrn.

Erheb dich meine Seele
  vnd thu auff deinen Mundt,
  des Herren Werck erzehle,
  mach seinen Nahmen kundt,
  der dein Leben vom sterben
  Errettet, vnd dich hat,
  Nicht lassen mit verderben,
  Danck ihm für seine gnad.

Reich vnd arm seind vmbkommen,
  Viel 1000, in der Nacht,
  Durch die Fluth hingenommen,
  vnd schnel zu Nicht gemacht,
  Pferd, Küh, schaff, Schwein vnd rinder,
  auch leüth im Krancken bett,
  Ja halb geborne Kinder,
  ich aber bin errett.

Soll ich dan nun Nicht billig,
  preisen Dich meinen Gott,
  Ja Herr mein Hertz ist willig,
  O, Gott Herr Zebaoth,
  Mein lebent hinderstellig,
  regir hir in der Zeit,
  So daß ich Dir gefellig,
  Mög seyn in Ewigkeit. Amen.

Anna Ovena gestaltet ihre eigene Erfahrung. Diese gilt exemplarisch. Sie ist der Autorin Beleg dafür, daß Gottvertrauen, das sich auch und gerade in der höchsten Not nicht erschüttern läßt, seinen Lohn findet. Die eigene Erfahrung hat Vorbildfunktion. Sie lehrt, daß bei ähnlichem Verhalten ähnliche Ergebnisse zu erwarten sind. Die Erfahrung der Hoyers bekommt dadurch besonderes Gewicht, daß gerade sie angesichts Tausender von Toten gerettet wird. Die massive Betonung der eigenen Person im *ich aber bin errett* ist ganz und gar nicht blasphemisch gemeint. Im Gegenteil. Sie erklärt sich aus der exponierten Stellung Anna Ovenas im Streit mit der Geistlichkeit und wird vielleicht noch dadurch verstärkt, daß sie, die jetzt in Schweden lebt, ausgerechnet zu der Zeit in Eiderstedt ist, als die Flut hereinbricht. Sie kann von einer Fügung Gottes ausgehen, in dem Sinne, daß er sie die Flut erleben und überleben lassen habe, um sie vor aller Augen zu rechtfertigen. Denn immerhin hat er ja nicht die der Amtskirche verbundenen Tausende gerettet, sondern sie, die hartnäckig gegen eben diese Amtskirche opponiert hat.

Die Lieder, die Anna Ovena Hoyers aus Anlaß der Flutkatastrophe schreibt, sind nicht Selbstzweck. Sie stehen, und das gilt ausdrücklich nicht nur für sie, im Dienste Gottes. Anna Ovena formuliert hier ihr Selbstverständnis als Autorin. Sie sieht ihre Aufgabe darin, Gottes Lob auszubreiten, ihn zu *preisen* – als den unzweifelhaft gerechten Gott, der seine Gerechtigkeit gerade in einer Flut wie der von ihr erlebten erweist.

Literaturverzeichnis

Quellen

Handschriften: Annales Strandenses, UB Kiel, SH 222 und 222 A. – Aufzeichnungen des Knut Laurenzen, UB Kiel, SH 188, 189, 189, 222, 222 A. – Eiderstedtsche Chronik von Jon Ovens, UB Kiel, SH 216 A. – Anna Ovena Hoyers, Lieder 1624–1655, Kgl. Bibl. Stockholm, Vitterhet Tysk Var 76.

Caspar Danckwerth, Newe Landesbeschreibung der zwey Hertzogthümer Schleswich und Holstein zusambt vielen dabey gehörigen Newen Landkarten...durch...Johanne Mejero, Husum 1652.

Jacob Fabricius den Yngres, Optegnelser 1617–1644, udg. ved A. Andersen, o. O. 1964 (= Skrifter, udg. af Hist. Samfund for Sønderjylland 32).

Reimer Hansen, Johannes Petreus' Schriften über Nordstrand, Kiel 1901.

Mumme Harrsen, Ein Trurige Klageledt van dem groten Flode..., Schleswig 1617.

Otto Hartz, Matthiae Boetii, De Cataclysmo Norstrandico, Neumünster 1940.

Anton Heimreich, Nord=Fresische Chronick, Schleswig 1666.

–, Ernewrete Nordfresische Chronick, Schleswig 1668.

–, Nordfresische Chronik, hg. v. N. Falck, 2 Bde, Tondern 1819.

–, Beschriebenes Landrecht des Nordstrands, Schleswig 1670.

Anna Ovena Hoyers, Geistliche und Weltliche Poemata, Amsterdam 1650.

Johann Melchior Krafft, Ein Zweyfaches Zwey-Hundert-Jähriges Jubel-Gedächtnis..., Husum 1723.

Matthias Lobedantz, Ach vnd Sache Des im Wasser ertrunckenen Marschlandes NordStrandt..., Hamburg 1634.

M. Lensch, Jan Adriaanß Leeghwater und seine Beschreibung der großen Sturmfluth vom 11. Oktober 1634. In: Veröffentlichungen des Nordfriesischen Vereins für Heimatkunde und Heimatliebe, Jg. 1905/06, S. 1–19.

Lobbe Obbesen, Ein Nyes KlageLeedt/Van der grüwlicken vnde erschrecklyken groten Waterfloth..., (Schleswig?) 1636.

Peter Sax, Werke zur Geschichte Nordfrieslands und Dithmarschens, Bd. 3, hrsg. v. Albert Panten, St. Peter-Ording 1984.

Paul Walther, SturmPredigt: Oder Christliche vnd Schrifftmässige Erörterung: Woher die grawsame vnd vngeheure erschreckliche SturmWinde kommen..., Hamburg 1634.

Weiterführende Literatur

Albert Bantelmann, Die Landschaftsentwicklung im nordfriesischen Küstengebiet, eine Funktionschronik durch fünf Jahrtausende. In: Die Küste, 14, Heft 2, S. 5–99.

Kurt Boysen, Das Nordstrander Landrecht von 1572, Neumünster 1967.

Christian Degn, U. Muuß, Topographischer Atlas von Schleswig-Holstein, Neumünster 1963.

Ernst Dittmer, Die nacheiszeitliche Entwicklung der schleswig-holsteinischen Westküste, Meyniana 1, 1952, S. 138–168.

Fritz Fischer, Albert Bantelmann, Alt-Nordstrand um 1634. Zeitschrift der Gesellschaft für Schleswig-Holsteinische Geschichte, Bd. 102/103, S. 97–110.

Otto Fischer, Die nordfriesischen Inseln vor und nach der Sturmflut vom 11. Oktober 1634, Berlin 1934.

–, Das Wasserwesen an der schleswig-holsteinischen Nordseeküste, 3. Teil, Das Festland, Band 1–7, Berlin 1955–1958.

–, 2000 Jahre Kampf mit dem Meer an der Westküste Schleswig-Holstein. Zeitschrift Wasser und Boden, 1. 1958, S. 2–8.

Karl Gripp, Erdgeschichte von Schleswig-Holstein, Neumünster 1964.

Lorenz Hein, Außenseiter der Kirche. In: Schleswig-Holsteinische Kirchengeschichte, Bd. 4, Orthodoxie und Pietismus, Neumünster 1984, S. 173–231.

Helene Höhnk, Anna Ovena Hoyers. Niedersachsen, 9, 1903/04, S. 128 f.

Claus Hundt, Maßgebende Sturmfluthöhen für das Deichbestick der schleswig-holsteinischen Westküste. In: Die Küste, 3, Heft 1/2, 1955, S. 96–152.

Dieter Lohmeier, Zwei Sturmflut-Gedichte des 17. Jahrhunderts. In: Festschrift für Gerhard Cordes, Bd. 1, Neumünster 1973, S. 91–116.

–, Anna Ovena Hoyers. Art. in: Schleswig-Holsteinisches Biographisches Lexikon (= SHBL), Bd. 3, Neumünster 1973, S. 156–159.

–, Hartwig Lohmann, Art. in: SHBL, Bd. 4, Neumünster 1976, S. 139–140.

–, Nicolaus Knutzen Teting. Art. in: SHBL, Bd. 4, Neumünster 1976, S. 216–218.

Cornelia Niekus Moore, „Mein Kindt, nimm diß in acht". Anna Hoyers' *Gespräch eines Kindes mit seiner Mutter von dem Wege zur wahren Gottseligkeit* als Beispiel der Erbauungsliteratur im 17. Jahrhundert. In: Pietismus und Neuzeit, Bd. 6, Göttingen 1980, S. 164–185.

Friedrich Müller, Das Wasserwesen an der schleswig-holsteinischen Nordseeküste, 1. Teil, Die Halligen, Band 1 und 2, Berlin 1917.

Friedrich Müller, Otto Fischer, Das Wasserwesen an der schleswig-holsteinischen Nordseeküste, 2. Teil, Die Inseln, Band 1–7, Berlin 1936–1938.

Rudolf Muuß, Die Sturmflut am 11. Oktober 1634, Breklum 1934.

Uwe Muuß u. Marcus Petersen, Die Küsten Schleswig-Holsteins, Neumünster 1974.

Albert Panten, Unbekannte Rechtsquellen des 15. und 16. Jahrhunderts aus Nordfriesland, Langenhorn 1976.

—, 350 Jahre – Das Bottschlotter Werk. Breklum 1983.

Marcus Petersen (Hrsg.), 25 Jahre Buphever-Koog. Schriftenreihe der Gesellschaft zur Förderung der inneren Kolonisation. Arbeitskreis Schleswig-Holstein/Hamburg 1964, Heft 7.

—, Der Heverstrom – Schicksalsstrom Nordfrieslands. In: Nordfriesisches Jahrbuch, Band 14, 1978, S. 13—44.

—, Die Halligen – Küstenschutz/Sanierung/Naturschutz. Neumünster 1981.

Marcus Petersen u. Hans Rohde, Sturmflut – die großen Fluten an den Küsten Schleswig-Holsteins und in der Elbe. Neumünster 1979.

Guntram Riecken, Die Halligen im Wandel, Husum 1982.

Adah Blanche Roe, Anna Owena Hoyers. A poetess of the 17th century, Diss. Bryn Mawr 1915.

Hans Rohde, Die Häufigkeit hoher Wasserstände an der Westküste von Schleswig-Holstein. In: Die Küste, Jg. 12, 1964, S. 86—112.

—, Die Geschichte des deutschen Küstengebietes. In: Die Küste, Heft 32, 1975, 6—29.

Rudolf Scherenberg, Die Fortschreibung des Generalplans „Deichverstärkung, Deichverkürzung und Küstenschutz in Schleswig-Holstein" vom 20. 12. 1963. In: Wasser und Boden, H. 10, S. 271—275.

Hans Joachim Schoeps, Anna Ovena Hoyers (1584—1655) und ihre ungedruckten schwedischen Gedichte. Euphorion, 46, 1952, S. 138—148.

Paul Schütze, Anna Ovena Hoyer, eine holsteinische Dichterin des 17. Jahrhunderts. Zeitschrift f. allgem. Geschichte, 2, 1885, S. 539—550.

Robert Stadelmann, Meer – Deiche – Land, Neumünster 1981.

Reinhard Stewig, Landeskunde Schleswig-Holstein, Kiel 1978.

Hans Suhr, Die Entwicklungsgeschichte der schleswig-holsteinischen Marschen. In: Zeitschrift für Agrargeschichte und Agrarsoziologie, 26, Heft 1, 1978, S. 3—12.

Klaus Witt, Plattdeutsche Sturmflutlieder des 16. und 17. Jahrhunderts von der schleswigschen Westküste, Flensburg 1957.

Carl Wobecken, Deiche und Sturmfluten an der Nordseeküste, Bremen/Wilhelmshaven 1924.

Erich Wohlenberg, Sinkstoff, Sediment und Anwachs am Hindenburgdamm. In: Die Küste, Jg. 2, Heft 2, 1953.

Abbildungsverzeichnis

Amt für Land- und Wasserwirtschaft, Husum: S. 23, 24, 25, 36; 61, 62, 63.

Aufklärungsgeschwader 52, Leck: S. 53 (Freig.-Nr. SH - 96/3663).

Bantelmann, A.: S. 17, (37), 35 (47), 46/47 (52), 52 (59), 59 (88), 69 (43), aus: Reihe Offa-Bücher, Bd. 21 (Seiten in Klammern) S. 44, 45, aus: Petersen, 1964, S. 40/41.

Berends, J.: S. 79, aus: Müller I, 1, S. 218.

Braun u. Hogenberg: S. 88, 89, aus: Urbi terrarum (1573–1618), Nissenhaus Husum.

Degn u. Muuß: S. 30, aus: 1963, S. 148.

Fiedler, W.: S. 10, 18, 19, 48 (Freigabe-Nr. SH – 393/396), 49, 51.

Heimreich, A.: S. 55, aus: 1668, S. 84, Schleswig-Holsteinische Landesbibliothek (= SHLB).

Haarnagel: S. 16, aus: Petersen/Rohde 1979, S. 43.

Hoyer: S. 103, aus: Stockholmer Handschrift, SHLB.

Indervelden, Q.: S. 43, aus: Müller/Fischer II, 3, S. 33.

Knutzen: S. 31, aus: Fischer III, 3, S. 75

Leeghwater: S. 32, aus: Fischer III, 2, S. 144.

Mejer, J.: S. 29 (II, 2, S. 72), 31 (III, 3, S. 75), 32 (III, 2, S. 144), 50 (II, 3, S. 51), 56 (III, 3, S. 179), 67 (I, Atlas, Tafel VII). Diese und weitere Abbildungen sind mit freundlicher Genehmigung des Verlags Dietrich Reimer in Berlin den gekennzeichneten Bänden des Müller/Fischer-Werks entnommen.

Muuß u. Petersen: S. 14/15, aus: 1974, S. 8/9.

Nissenhaus, Nordfriesisches Museum Husum: S. 13.

Puschel: S. 99, aus: Westphalen, Mon. inedita . . ., Leipzig 1745, nach Sp. 1483, SHLB.

Riecken, G.: S. 21.

Scholten: S. 22, aus: Fischer III, 2, S. 223.

Stadelmann, R.: S. 26, aus: 1981, S. 86.

Winterstein: S. 12, Staatsarchiv Hamburg.

Wohlenberg, E.: S. 37, 40, Nissenhaus Husum.

Wolf, Z.: S. 100, Archiv H. Borzikowsky.

Titelbild: „Halligwarft in der Sturmflut" von Alex Eckener, 1938, mit freundlicher Genehmigung des Nissenhauses Husum.

Vorsatz vorn: Karte von Petreus, aus: Müller I, Atlas, Tafel V.

Vorsatz hinten: Karte von Alt-Nordstrand von Fritz Fischer.

Autoren

Boy Hinrichs, geb. 1949 in Garding (Eiderstedt), Studium der Deutschen Philologie, Philosophie und Theologie in Kiel, Promotion, arbeitet am Institut für Literaturwissenschaft der Universität Kiel und hat einen Lehrauftrag am Philosophischen Seminar der Pädagogischen Hochschule Flensburg.

Albert A. Panten, geb. 1945 in Soholm (Nordfriesland), Studium der Physik und Mathematik in Kiel, Oberstudienrat in Niebüll.

Guntram Riecken, geb. 1942 in Niedorf, Lehrerstudium in Flensburg, Schuldienst in Dithmarschen, Studium der Geographie und Geschichte in Kiel, heute am Geographischen Seminar der Pädagogischen Hochschule Flensburg tätig.

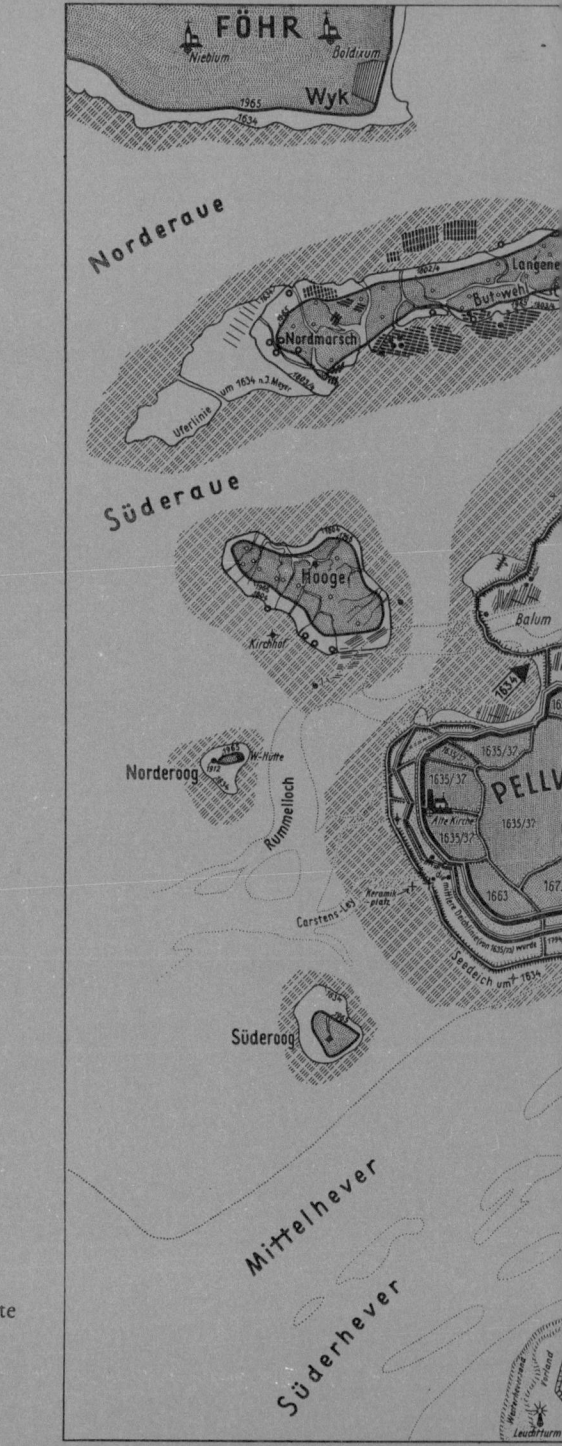

Südlicher Teil der nordfriesischen Bucht um 1634 und heute